知っておきたい

校庭芝生化の
Q&A

財団法人 都市緑化機構
グランドカバー・ガーデニング共同研究会
編著

鹿島出版会

はじめに

　校庭でよく使われている芝草の夏シバ（暖地型芝草）は、世界では砂漠周辺の乾燥気候の草原にしか生育していません。庭や公園そして運動競技場などきれいな芝生を保っているのは、つくる人、使う人、維持する人達が知恵を出し合い、作業に汗を出しているからです。もちろんお金も出しています。それだけ芝生に魅力があるからでしょう。イギリスの小学校の校庭は、バスケットボールはハードコート、フットボールは人工芝で授業が行われていますが、それ以外は天然芝で広く覆われ、休み時間に児童・生徒が遊んでいます。古めかしい校舎の正面玄関の前には入学式と卒業式の時以外は人の立ち入らないそれはそれは奇麗な芝生があります。歴史と文化に培われた芝生という言い方を実感できます。

　高温多湿の日本で芝生を保つにはかなりの知恵と工夫が必要です。大勢の児童や生徒が狭い校庭を体育の授業や休み時間に頻繁に使います。そのうえ土日には地域のベースボールやフットボールのチームが練習や試合に使わせてほしいと求めてきます。だからといって校庭の芝生化は絶対無理だとダメ出しをしてしまっては進歩がありません。日本でしかできない、日本だからこそできる校庭の芝生化は、温帯多雨気候のアジアの国々が期待しているのです。そのノウハウを待ち望んでいるのです。はやく日本の学校の校庭を芝生にしましょう。児童・生徒の健康で健全な学校生活をつくりましょう。

　この本には、将来の日本とアジア、そして世界の人々を幸せにする知恵と技術がおさめられています。科学的なデータによるものもあれば、ながい経験による知恵も含まれています。それらを整理しQ＆Aの形でわかりやすく示しました。活用していただけるもの、役に立つものと自信をもってお勧めする次第です。

2013年1月

財団法人 都市緑化機構 理事長
輿水 肇

知っておきたい 校庭芝生化のQ&A　もくじ

はじめに　3

1章　校庭芝生化とは

Q.01	校庭を芝生にするとどんなメリットがあるか。	18
Q.02	校庭を芝生にした学校はどのくらいあるか。	20
Q.03	校庭を芝生にする際の問題点は。	22
Q.04	児童・生徒数の多い学校でも芝生にできるか。	24
Q.05	芝生の知識がないが管理できるか。	26
Q.06	教職員の負担は大変ではないか。	28
Q.07	芝生以外の学校緑化の方法は。	30

2章　芝生の特徴

Q.08	芝生にはどのような特徴があるか。	34
Q.09	芝生に用いる「シバ」の種類はどのくらいあるか。	36
Q.10	芝生はどこから来るか。	38
Q.11	芝生にはどのくらいの日照時間が必要か。	40
Q.12	芝生を植えるのはいつがよいか。	42
Q.13	芝生は傷まないか。	44
Q.14	芝生に害虫が発生することはないか。	46
Q.15	芝生に病気が発生することはないか。	48
Q.16	芝生に雑草は生えるか。	50
Q.17	芝生と草花を共存させることはできるか。	52

3章　芝生の利用方法

Q.18	芝生にした校庭はどのように利用されているか。	56
Q.19	放課後や休日の学校開放が制限されないか。	58

Q.20	芝生にすると体育の授業や校庭利用団体へ影響しないか。	60
Q.21	どのような授業ができるか。	62
Q.22	どのようなイベントができるか。	64

4章　芝生の計画設計・工事

Q.23	芝生化設計のポイントを教えて。	68
Q.24	芝生にする場所やレイアウトはどのように決めるか。	70
Q.25	芝草の種類はどのように決めるとよいか。	72
Q.26	芝草の植栽方法はどのようにして決めるのか。	74
Q.27	冬シバだけで芝生化することはできるのか。	76
Q.28	競技場（サッカー場）のような芝生にできるのか。	78
Q.29	校庭の土を利用して芝生化できるか。	80
Q.30	芝生の土壌はどのようになっているか。	82
Q.31	散水設備は必要か。	84
Q.32	散水用の水はどのようなものがよいか。	86
Q.33	排水設備の資材にはどのようなものがあるか。	88
Q.34	芝生の施工手順を教えて。	90
Q.35	工事時期はどのように決めたらよいか。	92
Q.36	夏休みだけで校庭を芝生化できるか。	94
Q.37	屋上を芝生化できるか。	96

5章　芝生の維持管理

Q.38	芝生の管理とは何を行うのか。地域で異なるのか。	100
Q.39	芝刈りのやり方を教えて。	102
Q.40	刈った芝草はどのように処理するか。再利用はできるか。	104
Q.41	散水方法を教えて。	106
Q.42	肥料のやり方を教えて。	108
Q.43	目砂（目土）作業のやり方を教えて。	110
Q.44	芝生の更新作業はどうすればよいか。	112

Q.45	芝生にラインや目印をつける方法は。	114
Q.46	児童・生徒たちにもできる維持管理作業はあるか。	116
Q.47	児童・生徒や保護者でもできる芝生の植え付け方は。	118
Q.48	農薬を使わない芝生の維持管理方法はあるか。	120
Q.49	維持管理用具にはどのようなものがあるか。	122
Q.50	機械の維持管理方法を教えて。	124
Q.51	春季(3〜5月)の作業のポイントは。	126
Q.52	夏季(6〜8月)の作業のポイントは。	128
Q.53	秋季(9〜11月)の作業のポイントは。	130
Q.54	冬季(12〜2月)の作業のポイントは。	132
Q.55	ウィンターオーバーシーディング(WOS)とはどのようなものか。	134
Q.56	WOSの播種作業の内容は。	136
Q.57	WOS後の維持管理作業は。	138
Q.58	屋上を芝生化した場合の維持管理方法は。	140
Q.59	芝生が剥げてしまったが元に戻せるか。	142
Q.60	芝生に水溜まりができたらどうすればよいか。	144

6章 芝生の管理運営

Q.61	芝生を維持するための管理組織づくりはどのように行うのか。	148
Q.62	維持管理組織での具体的な仕事とは。	150
Q.63	維持管理組織を運営するポイントは。	152
Q.64	安全管理の注意点は。	154
Q.65	管理記録は必要か。	156
Q.66	芝生診断の方法を教えて。	158
Q.67	維持管理費用はどのくらいかかるか。	160
Q.68	校庭芝生化の費用や技術を支援してくれるところはあるか。	162
Q.69	管理作業に失敗したときの対策は。	164
Q.70	もっと校庭芝生について知りたい。	166
Q.71	維持管理計画はどのようにつくるのか。	168

資料

- [資料1] 管理作業記録表例　172
- [資料2] 維持管理年間計画例A～C　174
- [資料3] 芝生維持管理組織規約例　180

おわりに　182
財団法人 都市緑化機構・事務局　182
財団法人 都市緑化機構 グランドカバー・ガーデニング共同研究会・名簿　183
本書執筆者一覧　184

芝生を使う

校庭を芝生化した学校では、授業からイベントまでさまざまに使われている。

運動会

理科の授業（観察）

休み時間

野外活動（青空給食）

クラブ活動

地域イベント（お祭り）

芝草の種類
校庭の芝生化でよく使われる芝種を中心に紹介。

ティフトン［夏シバ(暖地型芝草)］

ノシバ［夏シバ(暖地型芝草)］

コウライシバ［夏シバ(暖地型芝草)］

セントオーガスチングラス［夏シバ(暖地型芝草)］

ペレニアルライグラス［冬シバ(寒地型芝草)］
(枠内は発芽後10日目の様子)

ケンタッキーブルーグラス［冬シバ(寒地型芝草)］

芝生をつくる

主なつくり方(工事)の流れを紹介。

排水施設工事(芝生の下に暗渠排水管を埋設)

排水施設工事(外周にU字型側溝を設置)

植生基盤工事(現状の土や砂と、土壌改良材などを混合改良)

植生基盤工事(ブルドーザーによる改良土壌の敷き慣らし)

芝生の植栽(ロール状の芝生による張り芝の例)

芝生の植栽(専用機械による芝苗植え付けの例)

芝生を育てる

完成した後に行う主な維持管理作業。児童や教職員、保護者、地域の人々でも行える。

芝刈り作業(乗用式芝刈り機)

芝刈り作業(自走式芝刈り機)

芝刈り作業(手押し式芝刈り機)

散水作業(スプリンクラー)

施肥作業(手押し式散布機)

目砂作業(手撒き散布)

芝生とつきあう

長く芝生校庭を活用していくうえでの、利用運営の工夫を紹介。

ボランティア活動(芝刈り作業)

芝生を知る(観察会)

芝生化活動(ポット苗による植え付け)

講習会(芝生管理教室)

芝生のイベント(穴あけ更新作業体験)

芝生のイベント(播種作業体験)

芝生化校庭を行った学校①
[関東地方]

東京都内での全面芝生化［杉並区立和泉小学校（東京都）］

ティフトンバミューダでの芝生化［大和市立上和田小学校（神奈川県）］

冬シバ（寒地型芝草）で全面芝生化［川口市立芝小学校（埼玉県）］

サブグラウンドを芝生化［市川市立南新浜小学校（千葉県）］

ノシバを基本にした低管理型の芝生［新治村立山の荘小学校（茨城県）］

全天候舗装トラックと芝生の組み合わせ［栃木県立のざわ養護学校］

芝生化校庭を行った学校 ②
[西日本]

張り芝での芝生化［琴浦町立東伯小学校(鳥取県)］

利用の工夫で芝生化校庭を維持［鹿児島市立皇徳寺小学校(鹿児島県)］

一年中、緑の芝生を保つ校庭［福岡市立百道浜小学校(福岡県)］

芝の上の運動会［本山町立本山小学校(高知県)］

児童による芝刈り作業［尾道市立山波小学校(広島県)］

芝生が引き立つ広い校庭［河内長野市石仏小学校(大阪府)］

芝生化校庭を行った学校 ③
［東日本］

芝生の校庭をいかしたスポーツ［札幌市立石山東小学校（北海道）］

冬シバ（寒地型芝草）で芝生化［札幌市立常盤小学校（北海道）］

芝の上の運動会［遊佐町立遊佐小学校（山形県）］

裸足で犬と散歩［御蔵島村立御蔵島小中学校（東京都）］

都会のオアシスとしての芝生［名古屋市立東桜小学校（愛知県）］

広々とした運動場［小牧市立小牧東小学校（愛知県）］

1章

校庭芝生化とは

Q.01 校庭を芝生にするとどんなメリットがあるか。

A. 環境・健康・地域社会への効果をもたらすとともに、癒しの効果など多方面にわたる。

校庭を芝生化することには、大きく環境への効果、健康への効果、地域社会への効果、癒しの効果などがあります。また、植物と親しみ触れ合う、育てるということを体験できるという面もあります。ただ、植物の存在が人間に与える影響は解明されていないことも多く、まだまだ研究途上の分野です。

環境への効果

芝生の環境への効果として①土壌侵食制御、②防塵効果、③気温調節効果、④騒音改善効果、⑤まぶしさの軽減、⑥一時的貯水効果(雨水の排水施設負担軽減)、⑦地下水の供給、⑧有機化学物質の定着、⑨大気汚染の制御、⑩二酸化炭素の変換機能、⑪火災被害の抑制などが知られています。

特に学校では、防塵効果と気温調節効果が大きなメリットになります。ダスト舗装では、風が吹くと砂塵が舞い、砂が目に入ったり、太ももなどに当たったりしますが、芝生化校庭ではそうしたことはありません。水はけが良く降雨後もすぐに使用でき、霜柱が立ちにくいので、寒い朝でも利用に支障がないなどのメリットがあります。また、夏季では地表面温度が土に比べて低く保たれるので、特に体育時の熱射病・熱中症対策になります。

健康への効果

芝生の健康への効果として、①健康の増進・ケガの減少、②クッション効果による衝撃の軽減、③屋外のスポーツとレジャーに低いコストで場を提供する、④芝生の手入れ自体が軽い運動となるなどがあります。

校庭や園庭を芝生化することは、ケガの減少、体位向上に効果があるといわれています。芝生化した小学校では、芝生のクッション性によって擦り傷による保健室利用が芝生化以前に比べ1/2~1/3程度まで減少し、転んでも痛くないために思い切り遊べることが児童の体位向上に役立っています。また多くの学校で、芝生化前よりも子供たちがいきいきしている、外で遊ぶ子供の数が増えたなどの観察結果も公表されています。

また、児童が芝生を大事にすることを心がけている、という報告も多くあります。東京都の行った調査では、芝生化校では、休み時間に児童は早く校庭に出て遊ぶようになったことが検証されています。

地域社会への効果
　芝生の、あるいは芝生化の地域社会への効果として、①花や樹木を引き立てる、②植物のもつ美しさの理解を強める、③精神衛生を改善する、④地域社会の調和を改善する、⑤仕事の生産性を改善する、⑥治療の効果（園芸療法的効果）、⑦不動産価値を増やす、⑧生活の質的向上心を育むなどがあります。

　芝生化された校庭は景観としても評価が高く、広さによる開放感と安心感を与えます。また、芝生の維持管理作業を通じた学校と地域のコミュニティ形成なども行われています。

写真1　温熱環境画像（2008年8月20日、外気温39.1℃）。舗装面（45.2℃）と比較して芝生面（35.4度）は約10℃低い

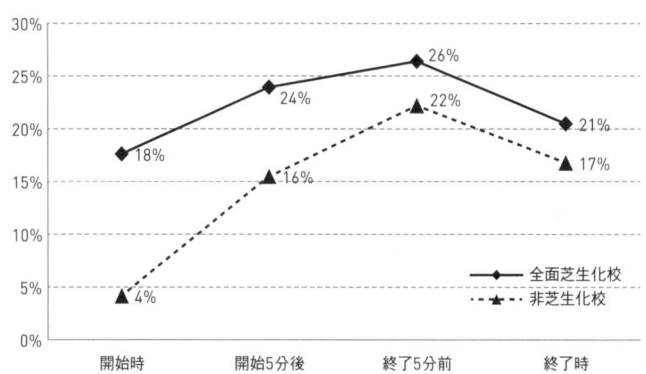

図1　昼休み時間中に校庭にいた全児童数に占める割合。全面芝生化校では昼休みに児童が校庭に出る割合が高く、遊んでいる時間が長い

参考文献　東京都教育庁『「校庭芝生に関する諸効果研究」事業結果について』（2010年5月、報道発表資料）

Q.02 校庭を芝生にした学校はどのくらいあるか。

A. 全国で2,200校以上（2012年）が芝生化されている。

増加傾向にある校庭芝生化校

10年ほど前から芝生校庭をもつ学校は毎年増加しています。

昭和30年代～40年代にかけて、校庭の芝生化が積極的に進められた時代がありました。しかしながら、そのうちの多くがなくなってしまっています。特に都市部では大半の芝生が損耗し、地方では踏圧の少ない場所での利用に限られた芝生だけが残る傾向にありました。消失の大半を占める要因として、養生期間の長期化による方針転換、維持管理技術の不足による損耗、予算が継続できないことによる消失などが挙げられます。

こうした前史とは別に、現在の芝生化の歩みは阪神淡路大震災からの復興にあたって、1人の保護者の「子供を芝生の上で育てたい」という呼びかけから取り組みが始まっています。現在の校庭芝生化は2000年頃から始まった、第2次芝生化ブームといってもよいでしょう。その後、地方での取り組みや、都内での校庭芝生化があり、簡易造成法なども提唱されて、現在につながっています。

こうした中で、現在では「芝生の良さ」を環境工学や心理学的な手法、統計的な手法を用いて科学的に解明する試みも行われています。

全国の芝生化校調査

全国の芝生化校数で把握されているものは文部科学省や自治体のウェブサイトなどで公表されています。全国には35,000校あまりの小学校・中学校・高等学校・中等教育学校があります[※1]。

2012年現在、全国では2,200校以上が芝生化されており、屋外運動場のある学校のうち6.31%と報告されています。

集計方法によって若干異なるものの、2003年では、全国の公立学校のうち天然芝生整備校は1,119校でしたので、2012年と比べると、この8年間で約1,100校が芝生化されて、芝生整備校数は倍増しています。現在も全国の多くの学校や自治体、NPO法人などが積極的に取り組んでおり、その数は着実に増えています。

芝生化した学校が多い自治体

　校庭を芝生化した学校が多いのは、都道府県レベルでは北海道、東京、神奈川、千葉、埼玉、静岡、長野、和歌山、大阪、兵庫、鳥取、福岡、鹿児島、沖縄といった自治体です。また近年では、公立の小中学校、高等学校のほか、幼稚園や保育園、あるいは私立学校の芝生化も進められており、一例として東京都では、小・中学校228校、都立学校48校、そのほか幼稚園・保育所・私立学校のすべてを合わせたうちの196ヵ所が芝生化されています*2。大阪では、2004年度から2009年度にかけて43の校庭・園庭を芝生化し、2012年8月末時点で175校を公立小学校の芝生化推進事業によって芝生化しています*3。

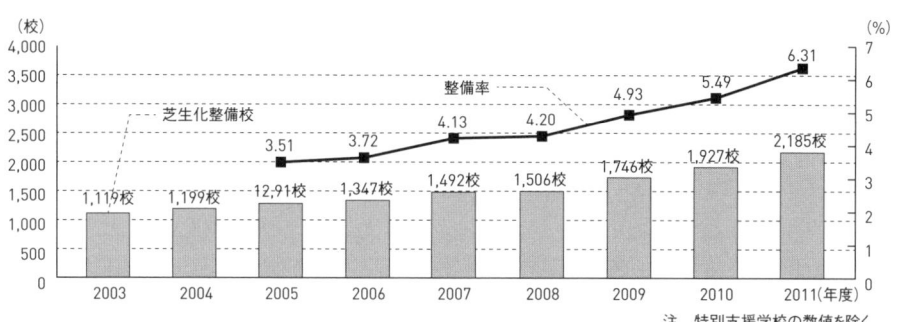

図1　芝生化運動場の整備率の推移*1
注　特別支援学校の数値を除く

表1　学校別の芝生化整備率*1

区分	学校数(A)	屋外運動場整備校数(B)	芝生化整備校数(C)	芝生化整備率(C/B)
小学校	21,431校	21,278校	1,406校	6.61%
中学校	9,915校	9,641校	407校	4.22%
高等学校	3,724校	3,665校	371校	10.12%
中等教育学校	28校	20校	1校	5.00%
計	35,098校	34,604校	2,185校	6.31%

注　特別支援学校の数値を除く

参考文献　*1 文部科学省『スポーツ基本計画』(2012年3月)／*2 東京都環境局、http://www.kankyo.metro.tokyo.jp/／*3 大阪府「芝生のページ」、http://www.pref.osaka.jp/midori/siba/

Q.03 校庭を芝生にする際の問題点は。

A. 校庭利用上の問題、養生期間の問題、維持管理費用の問題などいくつかあるが、事前に十分検討することでクリア可能。

設計と工事時期の問題

芝生化校庭を設計する際には、面積と利用人数の関係、日照の有無などが問題になります。芝生を良好に維持するには、建物や競技によるコートの配置、芝生の配置と形状、校庭および芝生の面積などが関係しますので、できるだけ余裕を持たせて設計しておくことが養生期間がない（短い）芝生を実現することにつながります。具体的には**Q.04**を参照してください。

芝生化の工事が学期中にかかってしまいますと、その間は校庭が使えませんので、近年では、夏休みや冬休みの長期休暇中に工事を実施して、可能な限り利用制限をしない方法が検討されています。

利用と養生期間の問題

体育の授業や運動部の活動によっては、スポーツのプレー上、芝生では行いにくい競技があります。多くの場合、大きな問題にはなりませんが、不適切な管理が続けられたり、全面養生や部分養生が長期にわたる場合には、想定された利用ができないことがあります。芝生化を検討する際には、学校ごとの特性や立地条件など、地域の校庭利用団体を含めて十分に検討することが必要です。例として、校庭が狭い場合に野球の内野エリアなどをどのように配置するか、競技トラックを確保するか、トラックを確保するならばどう配置するか、というような問題があります。

芝生の状態を良好に維持するためには、校庭を使わないで芝生を養生させることも必要です。養生期間の長さは、ウィンターオーバーシーディング*1を行う場合には2週間から1ヵ月程度必要になります。通常、学校では夏季・冬季・春季に長期休暇があり校庭利用がやや少なくなるので、この期間を芝生の回復にあてることができます。

維持管理費用と管理組織継続の問題

芝生の管理を業者に委託すると委託費が発生します。ボランティア型の管理で

は委託費は発生しませんが、芝生の維持には芝刈り機の燃料代、肥料や種子といった費用がかかります。そうした維持管理費用をいかに確保するかも大きな問題です。少なくとも10年程度を視野に入れて、どのように維持管理予算を確保するかを検討しておく必要があります。

業者委託ではなく保護者やボランティアを中心とした維持管理体制の場合には、維持管理組織をいかに継続させていくのかという問題が起こります。校長・副校長・事務長は定期的に異動があり、保護者も児童の卒業に伴って維持管理組織から遠ざかっていきます。新たな推進者・協力者として、芝生に興味のある人たちを維持管理組織に加わってもらうようにしなければなりません。

維持管理の見通しが甘いと、せっかく芝生にしてもすぐに衰退してしまうことがあります。これらの問題にどう対処するかも考えておく必要があります。芝生が衰退し放棄されると、子供たちは非常に落胆します。基本的なことを事前に十分検討するとともに、簡単にあきらめないことが大事です。

芝生化後の維持管理に関わる問題

校庭が芝生化されてからの重要な問題は、維持管理に関する予算の確保、体制の維持、技術の継承などです。なかでも、管理費に大きく影響する芝生の広さと児童・生徒数のバランス、養生期間の設定、休日開放時の学校外利用者との調整などが挙げられます。

以降、本書内でこれらの問題に関して適宜解説していきます。

表1　問題点をクリアする上でのポイント問題

設計と工期	・校庭の利用人数や日照条件などを十分に考慮した芝生面積を確保する ・できる限り芝生の養生期間が短く、早く芝生が使えるような工事期間を設定する
利用と養生期間	・校庭の使用条件を十分に考慮して芝生化エリアのレイアウトを行う ・芝生に必要となる養生期間と校庭使用条件が一致した場合に芝生化する
維持管理費用と 管理組織の継続	・芝生の維持管理に必要となる費用や資材は、あらかじめ確保しておく ・人が代わっても維持管理組織が継続できるよう、新しい人を加えていく仕組みをつくる
芝生化後の維持管理	・維持管理技術を向上させ、それらの技術を継承できるような仕組みをつくる ・芝生の利用方法について、関係者間が共通認識できるような仕組みをつくる

注　*1 ウィンターオーバーシーディング（Winter Over Seeding: WOSと略す）……秋季に冬シバの上から夏シバの種子を播いて、秋季～春季に夏シバによって常緑を保つ植栽法。ウィンターオーバーシードともいう

Q.04 児童・生徒数の多い学校でも芝生にできるか。

A. 校庭芝生化は、人数でなく児童・生徒1人当りの運動場の広さと因果関係がある。利用の多い場所の配置工夫や初期設定の検討も重要。

1人当りの運動場面積と考え方

初期設定の考え方を【表1】に示します。小・中学校の校庭は、児童・生徒の活動の場所はもちろん、地域住民のコミュニティの場所としても使用されています。また、土日にはサッカーや野球の練習場として利用される場合もあり、公共の芝生利用施設としては最も利用頻度が高い場所といえます。

近年では、運動場の土壌構造の改良、散水施設の整備や芝種の検討、管理機械、指導者の体制などの整備、あるいは、損傷からの回復方法や補植の方法が浸透してきたことにより芝生が利用できる期間も長くなり、よりいっそう多く利用されるようになってきています。

損傷の多い場所の配慮

広い芝生地であっても、損傷を多く受ける場所があります。そのような場所は芝

表1　1人当りの運動場面積と初期設定の考え方*1

1人当りの運動場面積	造成時の設定			管理体制の設定	
	土壌改良	散水施設	芝種	技術指導	管理機械
30㎡以上	通常仕様	なし	暖地型の日本シバのほうが管理しやすい。ティフトンでは伸びが速いので不向き	一般知識	ティフトン*では機械技術必要
20㎡	通常仕様	なし	同上	一般知識	芝刈り機
15㎡	通常仕様	あるほうが良い	ティフトンか生育旺盛な改良日本シバ	芝生指導者による管理マニュアル	管理作業体制
10㎡	土壌改良	自動散水施設	ティフトンか生育旺盛な改良ノシバ	校庭芝生の知識がある人の指導やアドバイス必要	芝生管理機械必要か使用できる体制必要
5㎡	土壌改良	自動散水施設	寒地型＋暖地型（ティフトン）。NOSと補植・追撒、圃場準備	校庭芝生の知識高度な指導者の定期的診断とアドバイス必要	専門管理機械装備
3㎡以下	困難（補植部分、養生期間を多く必要とする、校庭使用は制限を受ける）				

注　関東北部以北で芝生のみを使用する場合は、芝生指導者、管理機械が必要
　　樹木、建物の日陰は、面積が小さくなると、障害の要素は拡大する
　　*ティフトンはバミューダグラスのティフトン419（→Q.09参照）相当

生以外の舗装にして、損傷の心配がない場所を芝生化することが大切です。損傷が大きくなりそうな場所を【表2】に示します。このような場所では、利用面を十分に考慮して芝生化計画を行うことが大切です。

表2　損傷が大きくなりそうな場所
①児童・生徒・職員の通学動線部分
②校舎の出入り口
③朝礼台付近
④管理車両の通路
⑤倉庫の出入り口
⑥遊具の周り
⑦野球ベース付近
⑧サッカーゴール付近
⑨築山とその周り

写真1　出入り口の例

写真2　遊具周りの例（ブランコ下）

写真3　遊具周りの例（タイヤ遊具）

写真4　サッカーゴール前の例

参考文献　＊1 山田茂秋「校庭芝生化の初期設定」日本芝草学会、2009年秋季大会要旨集

Q.05 芝生の知識がないが管理できるか。

A. 草花の世話をしたことがある人なら難しくない。

知識は不要

　最初から芝生の維持管理のベテランがいる学校はほとんどありませんが、それでも立派に維持管理をしています。伊豆諸島のある中学校では、素人の体育の先生が長い期間をかけて、1人で校庭を芝生化して管理しています。ここでは、芝生の上でテニス練習も行われています。乗用の芝刈り機も、自動車の普通免許を持っていれば十分に運転が可能です。

維持管理作業の内容

　主な維持管理作業の内容を【表1】に示します。多くは単純作業で、動力機械使用以外は生徒でも行える作業です。それぞれの作業方法については、5章で詳しく解

表1　主な管理作業項目

①散水作業（手動、簡易スプリンクラー、自動スプリンクラーなど）
②芝刈り作業（手動芝刈り機、自走芝刈り機、乗用芝刈り機、芝刈り鋏など）
③除草作業（手取り、芝刈り機、鍬など）
④施肥作業（手撒き、肥料散布機など）
⑤更新作業（目土作業、コアリング作業、播種作業、補修作業）
⑥点検作業、記録作業など

写真1　先生1人で校庭芝生化

写真2　芝生のテニス練習場

説しています。

作業準備としての知識

　これから管理を始める場合には、校庭芝生の専門家や経験者に基礎知識と維持管理方法の指導を受けると理解が速いでしょう。準備として、【表2】に示すような項目を理解しておくと、作業がより楽しくなります。

表2　作業前に理解しておきたい項目

①管理する芝生の特徴
②地域の年間気候と芝生の生育パターン
③年間の管理スケジュール作成
④管理体制
⑤各管理作業
⑥安全体制と安全管理

写真3　先生1人で芝生化を行った校庭

写真4　「僕も肥料撒きの達人」

写真5　「シバつくりは面白い」——種撒きにて

写真6　おもちゃのように扱える芝刈り機の例

Q.06 教職員の負担は大変ではないか。

A. ほぼ8割の教職員が大いに満足、またはどちらかというと満足しているというアンケート結果がある。

校庭芝生の受け取られ方

東京都教育委員会が、2010（平成22）年度に教職員に対して実施したアンケート調査結果では、芝生化校261校のうち、ほぼ8割にあたる学校において、「大いに満足」、または「どちらかというと満足」との回答が得られました。校庭芝生化を実施した多くの学校は、その成果に満足している傾向がうかがえます。

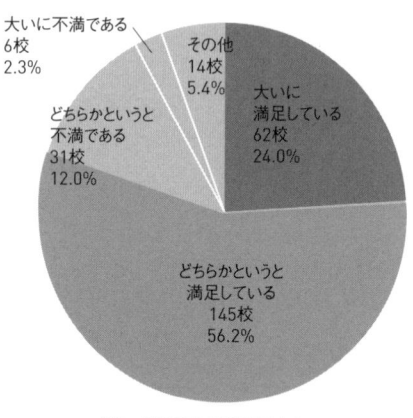

図1　校庭芝生の受け取られ方

芝生化に満足または不満な理由

芝生化を満足としてとらえている理由として、「児童・生徒が活発に運動したり、積極的に屋外で活動したりするようになった」を挙げたのが143校、「景観的に向上した」が166校に上り、いずれの回答数も、芝生化実施と回答した261校の半数以上に相当しています。

反面、芝生化に不満足な理由としては、特に選択が多いものはありませんが、「芝生は使用できない期間があったり、使用しにくいことがある」が87校、「芝生が順調に育たない」が71校、「維持管理が大変、あるいは特定の人に押しつけられたりしている」が69校となっています。

導入前の教職員の不安について

一方で、芝生化未実施校に、芝生化する場合に懸念する事柄や不安な要素を選んでもらったところ、「維持管理の手間や費用」が最も多い結果となりました。続いて、「運動や利用上の制限」「知識や技術を持つ人の有無」「枯死や衰退時の責任所在」「保護者・PTAの協力」の順に不安に思っている傾向がみられました。

この調査結果からは、維持管理や運動利用上の制約に、導入前には不安があるものの、実際に芝生化した場合にはこれらを上回る満足度が得られているということがうかがえます。導入前に教職員が不安に思われる点を、維持管理の体制づくりや知識の共有などを通して緩和していくことが重要です。

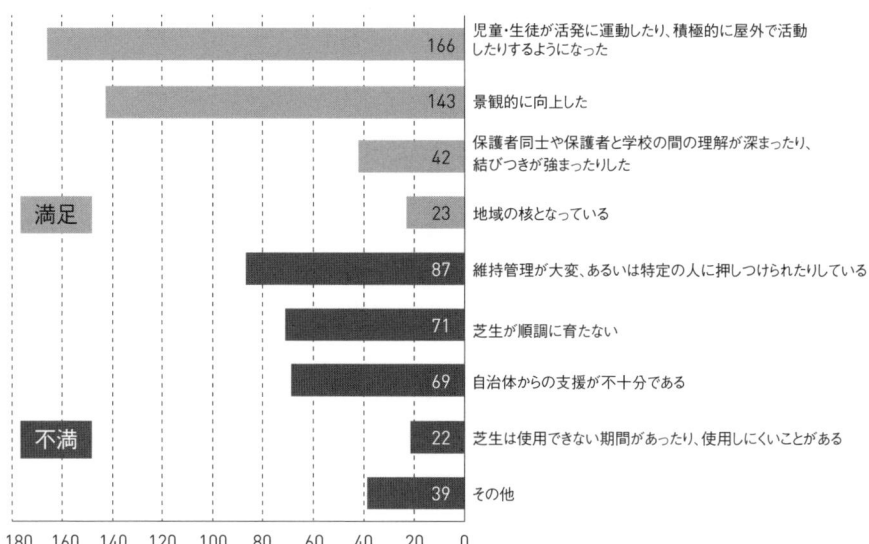

図2　満足または不満な理由

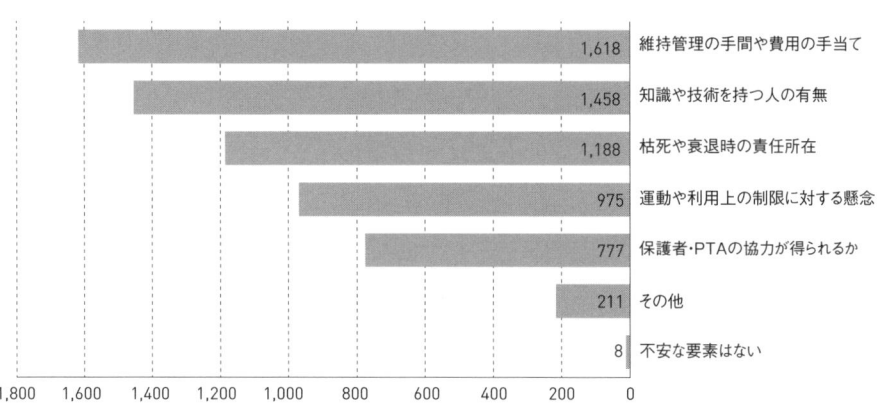

図3　芝生化する場合に、気になる点や不安な要素など

参考文献　東京都教育庁『「校庭芝生に関する諸効果研究」事業結果について』(2010年5月、報道発表資料)

Q.07 芝生以外の学校緑化の方法は。

A. 学校林やビオトープ、菜園、花壇やコンテナ、屋上・壁面緑化、緑のカーテンなどがある。

学校緑化とは

　子供たちが1日の大半を過ごす学校には、机で学ぶための校舎だけでなく、身体を動かし自然と触れ合うことができる屋外環境が不可欠です。学校緑化は、子供たちが豊かな環境で存分に遊び緑を育むことで自然や生物からさまざまな事象を学ぶことを目的として行われます。

　緑化された学校の屋外施設は子供たちの学習の場であるとともに、地域住民との交流の場として、ヒートアイランド現象の緩和や生物の生息・生育空間としてさまざまな機能を発揮する貴重なオープンスペースです。緑豊かな学校をつくることは、子供たちの感受性を豊かにし、人間関係や社会性を身につけていくための学習の機会を創出します。また地域の環境や住民の生活を健やかで豊かにすることにつながります。

　学校緑化の代表的なものには、本書で取り上げる校庭の芝生化をはじめとして、自然との共生を学ぶ学校林やビオトープ、食育に使われる菜園、植物生理や命の大切さを学ぶための花壇やコンテナづくり、校舎の環境負荷を低減する屋上・壁面緑化、緑のカーテンなどが挙げられます。

代表的な学校緑化の手法

学校林──全国で約3,000校が約2万haの学校林を有しており、身近な森林を通した森林環境教育が広く実施されています。

学校ビオトープ──環境教育の教材として学校敷地内に設けられた池や水路などの水辺、樹林地などから構成されます。植物が育成し、地域在来の昆虫や動物などの多様な生きものが生息・生育できる空間です。

学校菜園──家庭科や総合的な学習の時間などに「食育」を実践する場所として活用され、野菜や果物づくりを通して農作業を体験します。

屋上・壁面緑化──主に環境への負荷低減や教室内の熱環境を改善するために設置されますが、屋上では菜園づくりやビオトープづくりが行われ、環境学習の場とし

て利用されることも増えています。

緑のカーテン——成育旺盛なつる植物で校舎を覆い、教室への直射日光を防ぐことで教室内の熱環境を改善します。また、ゴーヤやヘチマ、キュウリなどの野菜が使用されることも多く、食育にも活用されています。

いろいろな学校緑化の事例

校舎を覆う「おいしい緑のカーテン」——3階建ての校舎をすっぽり覆う足立区立中島根小学校（東京都）の緑のカーテン。ゴーヤやヘチマ、キュウリが使われていて学校給食の食材にも利用されています【写真1】。

校舎や擁壁を包み込む「地域と学校をつなぐ緑の校舎」——いつもどこかで花が咲いていること、をコンセプトに150種類の植物が植栽された普連土学園（東京都）。校舎や擁壁は緑で覆われ、地域と学校を優しくつないでいます【写真2】。

循環型社会と食生活を学ぶ「屋上の森と農園」——武蔵野の自然を再現した森と生徒が管理する水田・菜園を整備した実践学園（東京都）の屋上庭園。堆肥づくりや野菜づくりを通して環境学習が行われています【写真3】。

都市の生物多様性を学ぶ「ビーガーデン」——校舎屋上でニホンミツバチを飼育し蜜源植物を植栽したビーガーデンを整備している日本工業大学駒場中学・高等学校（東京都）。屋上緑化をきっかけに周辺緑地の調査を行い、緑と生き物の関係性を学ぶなど生物多様性教育の場として活用されています【写真4】。

写真1　東京・足立区立中島根小学校「緑のカーテン」

写真2　東京・普連土学園「地域と学校をつなぐ緑の校舎」

写真3　東京・実践学園「学校菜園」

写真4　東京・日本工業大学駒場中学・高等学校「ビーガーデン」

参考文献　文部科学省『学校の屋外環境づくり——みどり豊かな学習の場を広げるために』（財団法人 日本緑化センター、2005）

2章

芝生の特徴

Q.08 芝生にはどのような特徴があるか。

A. 芝生は踏まれ強い性質で校庭緑化に適しているが、生きている植物なので季節に応じた普段の管理が求められる。

校庭での芝生の役割

　芝草は生育が旺盛で、踏まれても耐え、その萌芽力は擦り切れた箇所の早期回復を促進する性質があります。加えて、校庭に芝生を導入することで、砂塵の飛散防止、ぬかるみの緩和、子供のケガ防止などの問題も解決できます。さらに、全国で約1万haと推定される年間生産量、ゴルフ場やサッカー場での利用実績と管理手法の蓄積なども、数ある植物のなかで芝草が選ばれる理由です。

　校庭は、平らな地表面を維持することで運動場の機能を果たします。また、学校行事や自由な遊び場所として利用する学校施設でもあります。この校庭を裸地のまま維持すると、乾燥して風が吹けば土ぼこりが立ち、砂塵を撒き散らします。雨の後にぬかるみがひどくなれば、校庭としての機能が果たせません。そのため、多くの校庭では石灰スクリーンニングス*1を敷き固めたダスト舗装がなされています。これは校庭の維持管理が容易な反面、硬いので、転んだ子供は擦り傷を負うことになります。校庭に出る子供を増やし、ケガを減らしながら体力を増強し、子供たちにとって理想的な環境を整える目的で芝生化がはじまりました。

植物としての芝草

　芝草は、ヒツジやヤギなどの草食動物によって食べられた植物が、自然のなかで強い再生力をもつようになったイネ科の植物です。草食動物が草を食べることが芝刈り、糞を落とすことが施肥、降雨が散水、風が吹いて土や砂が徐々にかかることが目土、というような一連の自然現象が芝生の維持管理作業に相当します。植物の個体でみると、冬になると休眠する夏シバ(暖地型芝草)と、夏になると衰退する冬シバ(寒地型芝草)の2種類に分けられます。

植物由来の維持管理

　芝生は枯死しなければ群落としての寿命は尽きませんが、植物なので維持管理のうえで特殊性と困難性が伴います。校庭芝生化での管理のポイントとして、雑草

の侵入が指摘されます。それは、安易に雑草の拡大を許すと芝生を継続維持するための管理手法が効かなくなるからです。

芝草は、植物のなかでは擦り切れや踏圧（踏み傷み）などのストレスに対して優れた抵抗性をもっていますが、限界もあります。過度の擦り切れや踏圧がかかると剥げてしまい、メンテナンスのノウハウと手間暇が必要になります。

管理手法全体を見渡せば、生育基盤の水の管理を中心にした管理項目が挙げられます。水はけが悪くなったり、土壌が固くなったり、枯れた茎や根などの老廃物が溜まったりして生育環境が悪くなると生育しにくくなりますので、日常の管理作業で少しずつ手入れをすることが重要です。

夏季に節水制限などの水不足が起こった場合には、ある程度芝生が枯れるのも仕方がありません。夏シバはもともと水不足に強く、乾燥が続く場合には休眠して表面が枯れたような状態になりますが、地下部（根）が生き残っているなら、水を与えれば回復します。冬シバの場合には、秋季に播種を行うことで回復を図ります。

表1　芝生にとっての自然状態と校庭の違い

	草原	校庭
管理主体	自然	人間
水分供給	降雨	降雨・散水
草型維持	草食動物摂食	芝刈り
栄養吸収	動物糞・落雷	施肥
客土	風による土の被覆	目土
土壌耕運	土壌動物活動	更新作業
損傷回復	―	補修

写真1、2　自然状態の芝生の例、羊が放牧されている草原（オーストラリア・タスマニア地方）

注　*1 石灰スクリーンニングス……破砕した岩石、玉石、スラグなどをそのままふるいに通して、最大径をほぼ2.5mm以下に整えたもの

Q.09 芝生に用いる「シバ」の種類はどのくらいあるか。

A. 日本に自生し主に利用されているものとしては3種類だが、日本シバや西洋シバなど品種も入れると多数ある。

芝類の分類

　芝草というと、芝類および背丈の低い地面をカバーする植物を含めて表すこともありますが、ここでは日本に適する主なイネ科の芝草について分類します。大きく分けて冬シバ(寒地型芝草)と夏シバ(暖地型芝草)があります【表1】。表には種レベルのものが表示してあります(お米では「イネ」という名称にあたります)が、種の品種には改良されたものも含めて多くあります。

　シバはイネ科に属し、同じ科の植物としてムギやイネ、トウモロコシ、サトウキビ、キビ、アワやタケ・ササ類があります。草ではススキ、チガヤがあり、イネ科植物として日本には127属、約500種類があります。

シバの名称

　西洋シバは牧草に利用されて発達してきましたが、日本でも主に牧草の研究機関が形質の違う日本シバを集めるなどしてシバの研究を行ってきました。日本での日本シバの品種改良は新しく、芝の品種登録制度ができて1995年に初めて品種としてのシバができました。日本シバはそれまではノシバ、コウライシバなど種の名称で呼んでおり、この呼び名は今でも多く流通しています*1。

　バミューダグラスのなかにティフトンという名称がありますが、この正式品種名はティフウェイ(試験番号からティフトン419とも呼ばれています)あるいはティフグリーン(前記同様にティフトン318、ゴルフ場のグリーン用)で、ティフトンは米国の試験機関があった地名からつけられています。

校庭で利用されているシバ

　冬シバではケンタッキーブルーグラス、トールフェスク、ペレニアルライグラス、夏シバでは、バミューダグラス、セントオーガスチングラスなどです。選定の際の注意事項については**Q.25**を参照してください。

冬シバと夏シバの違い

　冬シバは、気温が10〜25℃では生育が良く、25℃以上になると伸びが止まり、弱ったり病害を受けやすくなります。

　夏シバは、気温が12℃以下では休眠し、20℃以上で生育が良くなり、25℃以上で最も生育旺盛となります。

　もともと、冬シバと夏シバでは光合成の方法が異なっています。冬シバ(C3植物*2に属する)は、低温での光合成に適応し、夏シバ(C4植物に属する)は高温で効率良く光合成ができます。

表1　芝類分類図

光合成型			気候型(日本シバ・西洋シバ、種)			繁殖型
冬シバ (寒地型芝草) C3植物	冷温帯乾燥気候型 ・ウシノケグサ亜科	西洋シバ	ブルーグラス類	ケンタッキーブルーグラスなど		種子繁殖・栄養繁殖
			ベントグラス類	クリーピングベントグラスなど		種子繁殖・栄養繁殖
			フェスク類	トールフェスクなど		種子繁殖
			ライグラス類	ペレニアルライグラス、 イタリアンライグラスなど		種子繁殖
夏シバ (暖地型芝草) C4植物	亜熱帯温帯乾草気候型 ・スズメガヤ亜科	日本シバ	—	ノシバ、コウライシバなど		主として栄養繁殖
		西洋シバ	バミューダグラス類	バミューダグラスなど		
	モンスーン気候型 ・キビ亜科	西洋シバ	—	セントオーガスチングラス		
				センチピードグラス		
				シーショアパスパラム		

注　*1 ノシバ、コウライシバ……これは建設・造園的な名称で、植物学ではノシバをシバ、コウライシバをコウシュンシバ、キヌシバをコウライシバと呼んでいる。いずれの名称のコウライシバも、朝鮮半島には自生していない／*2 植物は光合成を行いCO_2を固定させる仕組みの違いによって、C3植物(木本植物のほとんどやイネ、コムギなど)、C4植物(トウモロコシ、アワ、ヒエ、キビなど)、CAM植物(パイナップルなど)に分けることができる

Q.10 芝生はどこから来るか。

A. 芝生の生産地は全国各地。冬シバの種子は外国産。

全国各地の生産地

【図1】に日本各地の生産地を掲げます。北海道から宮城、栃木にかけてブルーグラスなどの寒地型芝切り芝(ソッド)の生産が行われています。ゴルフ場グリーン用のベントグラスはそれ以外にも、山梨、鳥取などで生産されています。

日本シバやバミューダグラスは茨城(つくば周辺)、静岡、三重、鳥取、熊本、宮崎、鹿児島などが産地になっています。

芝生ソッド(切り芝)は畑で生産される

芝生の生産地に行ってみると畑に芝生が植えてあるのが見られます。種芝を植え付けた畑は7〜10年程度出荷することができるそうです。普段は、除草、施肥、刈り込み、必要に応じて農薬散布などの管理が行われています。

完成した芝生は、コウライシバやノシバでは、注文に応じておよそ2年に1度くらいのペースで切り出しが行われます。暖地型の芝生は切り出した後の畑の下層に残ったほふく茎から再生し、1年半ほどかけて密度のある芝生にもどります。

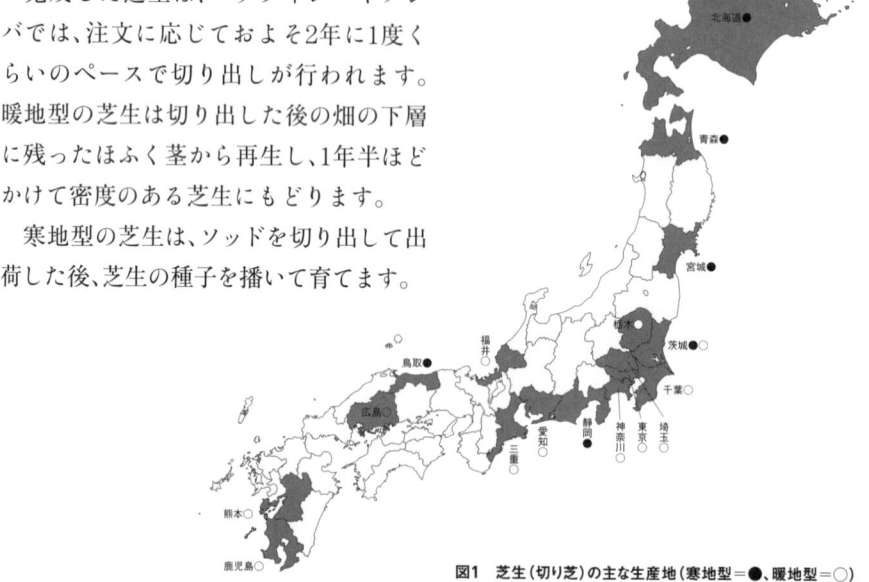

寒地型の芝生は、ソッドを切り出して出荷した後、芝生の種子を播いて育てます。

図1　芝生(切り芝)の主な生産地(寒地型=●、暖地型=○)

芝草種子の生産

　冬シバ(寒地型芝草)は播種による造成が可能なこともあり、ウィンターオーバーシーディングなど継続需要があります。米国は最大の芝生面積をもつとともに、品種開発も盛んで、芝生種子の生産量も世界一です。冬シバの種子はオレゴン州など米国北部が最も大きな産地になっており、種子繁殖型のバミューダグラスの場合は、米国南部が産地になっています。

　いずれも、発芽率や他の草の種子混入率などに生産地の保証が行われています。日本への供給は種子会社や輸入販売業者が取り扱っています。

供給のしくみ

　芝生の流通は生産組合や会社組織などが取りまとめて流通しており、芝生の供給量の把握などに取り組んでいます。

　全国の芝生生産量は、日本シバでは1995年の1万290ha、西洋シバでは2001年の665haをピークに年々減少傾向を示し、2006年には、日本シバ、西洋シバともにピーク時の6割程度の生産量となっています*1。

　芝生の需要の多くはホームセンターなどの一般消費者向けとゴルフ場や競技場などの張り替え需要、造園建設業者による工事需要に大別されます。近年では芝生校庭や競技場向けのバミューダグラスの需要が伸びているようです。

良い芝生の選び方

　芝生が造成された後に順調に育つためには、畑の段階で健全な芝生であること、雑草や病害虫の発生が少ないことが望まれます。

　流通の段階で過度の乾燥や過湿になってしまったものは、枯死したり、病害が発生したり、出荷から芝張りまで時間がかかり過ぎると生育が悪くなることがありますので、到着したらすぐに芝張りができるようタイミングを見計らうようにします。

写真1　機械による芝切り作業

写真2　芝生はぎ取りと結束作業作業

写真3　集積と荷姿

写真4　冬シバの種子(袋入り)

参考文献　*1　全国芝生協会ウェブサイト、http://www.zenshiba.jp/index.html

Q.11 芝生にはどのくらいの日照時間が必要か。

A. 芝草の種類や季節によって必要となる日照時間は異なる。

夏シバの日照時間

　芝草のなかで冬に葉の部分が枯れる夏シバ(暖地型芝草)は日当たりの良い場所でないと育たないため、多くの日照時間が必要になります。

　春から秋までの時期では、地域や草種によって若干異なりますが、最低でも1日に6～8時間程度の日照時間が必要とされています。特に、5月から8月までの生育が旺盛な時期については、十分な日照時間が必要です。晩秋から早春にかけての時期は、芝草の休眠期にあたるので、あまり日照時間の制約を受けませんが、日照時間が短くなると土壌の凍結や湿潤化を招くため、芝草の生育に悪影響を与えます。1日中が日陰となることがないよう、ある程度の日照は必要となります。また、同じ日照時間でも、午前中と午後を比較すると、午前中の日照の方が芝草の生育に有効であるといわれています。

冬シバの日照時間

　冬でも葉がある程度緑色に保たれる冬シバ(寒地型芝草)は、夏シバに比べると日照時間が短くても生育が可能ですが、それでもある程度の日当たりは必要となります。

　秋から春までの時期では、地域や草種により若干異なりますが、最低でも1日に4～6時間程度の日照時間が必要とされています。特に、9月から11月までと3月から5月の生育が旺盛な時期については、十分な日照時間が必要です。

芝生化予定場所の日照時間の確認

　校舎などの建物、樹木、周辺の建物などが原因で校庭が日陰になることがあります。芝生化する場所を決める際には、植栽する予定の芝草に必要とされる日照時間が確保されるかどうかの確認が必要です。その方法としては、実際に芝生化する場所の日照時間を測って図面化する方法と、日影図を作成する方法などがあります。夏シバなら春から秋の期間、冬シバなら秋から春の期間、何時間以上日が当たるかについて確認します。日照時間調査の一例(全天写真撮影による日照時間解析)を【写真1、2】に示します。

写真1　日照時間調査のための撮影用デジタルカメラ

写真2　撮影画像

日照時間不足の影響

　日照時間が足りないと、①生長のスピードが遅くなる、②ダメージに弱くなる、③病虫害が出やすくなるなどの影響があります。

　夏シバの場合、植栽直後の初期成育時期では、ほふく茎の伸び方が日当たりの良い芝生に比べて半分以下となり、芝生が使用できる状態になるまでに長い時間がかかることになります。また、生長の遅さに加えて、葉が細くて柔らかく上の方向に長く伸びる状態（徒長）となり、擦り切れや踏圧を受けた後で芝生が使える状態になるまでの管理の手間と時間が多く必要となります。さらに、日向に比べて芝草や土壌の水分蒸発が少なくなるので、結果的に芝生面が過湿となって病害や害虫の発生を誘発し、芝生を維持することが厳しくなります。

写真3　夏シバ（バミューダグラス）を8月上旬に苗芝で植えた場合の1ヵ月後の様子

	日当たりの良い場所	日当たりの悪い場所
ほふく茎と葉の違い	ほふく茎の伸びが速い 地面を覆い始めている	ほふく茎の伸びが遅い 地面を覆うことができない
根と葉の違い	根の伸びが速く太くなる 葉は横に伸び強くなる	根の伸びが遅く細いまま 葉は徒長して弱いまま

【芝生に必要な日照時間】

Q.12 芝生を植えるのはいつがよいか。

A. 芝生の生理からは生育の旺盛期で、工事・養生期間では児童・生徒の負担が少ない長期休みの夏休みや春休みが理想。

冬シバの植栽時期

　冬シバ(寒地型芝草)の植栽には、種子から播種して養生して完成する方法と、生育しているでき上がったシバを張る方法(張り芝)があります。
　種子からの植栽は、発芽温度に達する時期とシバの生育成長期間を考慮して行います。【図1、2】を参考にしてください。長期休みの観点からは、春休みは可能ですが夏休み(北海道・高冷地は除く)・冬休みは不適当となります。

夏シバの植栽時期

　夏シバ(暖地型芝草)は、栄養繁殖気温となる平均気温20～25℃以上(以下「平均気温」を略す)の盛夏前が植栽適期で、東京地区では7月上旬になります。最も施工を避けるべき時期は20℃以下になった秋です。夏シバが活着して使用できるようになるには気温20℃以上が1ヵ月以上必要で、低温や乾燥の傷害を受けると劣化します。秋に施工すると、生育が低下して活着しないまま冬を迎えてしまうのです。
　長期休みという点では、春休みと夏休み初期であれば実施できますが、春休みでは、気温が25℃以上になって完全に生育活着するまで数ヵ月要することになります。夏休み初期の7月中であれば9月には使用できますが、高温になるため、畑での切り出しを温度の低い時間帯に実施する、輸送中での蒸れに注意するなど、シバの劣化を防ぐ対策が必要です。植栽も早期に完了させて、水管理を十分に行います。これまで慣習として、夏の芝生施工は極力避けられてきましたが、大型ロールの使用などで改善されてきています。
　ポット苗や撒き芝、筋植え工法は、剥げてしまった芝を戻す方法【→Q.59】の時期と同様に、25℃以上となる月の養生必要月をさかのぼった時期となります。
　夏シバの生産は産地農家や一部の生産業者が行っていますが、植栽や生育時期は同じであり、生産においても20℃以上となる月が多く必要です。生産者としては、休眠から覚める直前に出荷できれば翌年にもまた出荷が可能となります。
　なお、切り芝(ソッド)のサイズは生産地により異なることがあります。1束を単位と

していますが、正味1㎡に足らず約0.9㎡を1束としているところもあります。ホームセンターなどでは、1束半分のものや放置による劣化もあるので注意が必要です。また、登録品種(品種は性質が統一されている)以外の芝生は地域により性質が違いますので、均一なシバを求めたいときは注意してください。

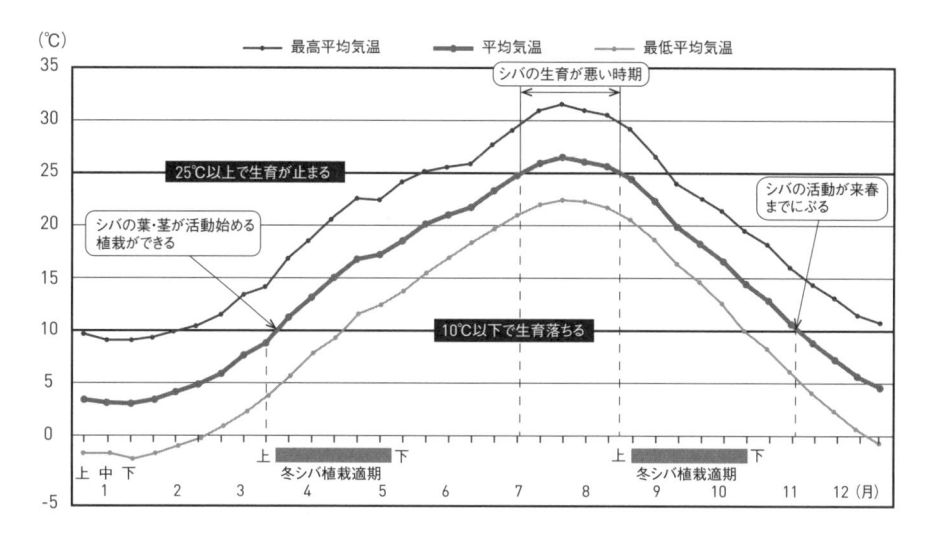

図1　冬シバの植栽時期(東京都八王子市)

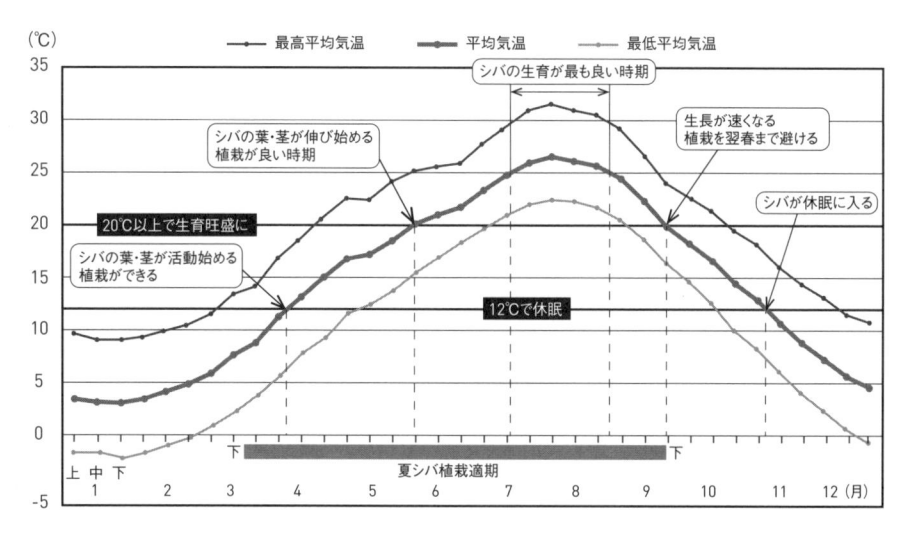

図2　夏シバの植栽時期(東京都八王子市)

【芝生の植栽時期】

Q.13 芝生は傷まないか。

A. 芝生が損耗してなくなる要因はさまざまあるが、
適切な対応で回避が可能。

芝生の損耗要因

　芝生が損耗してなくなる要因には、校庭面積と利用人数の関係、管理上の失敗、乾燥や過湿（過剰な水分）、施肥不足・過剰な施肥などがあります。

　校庭面積と利用人数の関係というのは、過踏圧や利用制限がないなど、芝生の収容力の限界を超えてしまい、利用するにつれて芝生が損耗していくものです。これは、設計時によくある失敗です。こうした場合、芝生の利用頻度や維持管理条件をよく検討し、それに見合った草種を選定する必要があります。

　不適切な維持管理作業によっても芝生は傷んで劣化します。刈り込みの間が空きすぎて徒長した状態でシバをいきなり刈ると、成長点まで刈り込んでしまって軸刈りと呼ばれる現象が起きます。軸刈りが起きると、成長点や光合成をするための葉を失い、回復が大幅に遅れることになります。

　乾燥と過湿（過剰な水分）も芝生が傷む要因となります。長期間雨が降らず散水が不足した状態では、水不足によって芝生が枯れる場合がありますので、定期的に散水して芝生の生育を保ちます。反面、芝生は水溜まりなどのような水はけの悪い場所（過湿）を苦手とします。設計時に水はけを良くしておくことや、造成後は更新作業を実施して十分な水はけを保つことが重要です。水はけが良く通気性の高い土壌は、シバの生育にとっても良いばかりか利用上も快適になります。

　肥料不足や過剰な施肥も損耗の原因となりますので、適切な施肥を行うことが大事です。利用が多い場合に肥料が不足すると、芝生の損耗に生育が追いつかず、芝生が衰退することがあります。一方、過剰な施肥をしてしまうと、芝生は肥料焼けを起こします。芝生の生長に合わせて適量を定期的に与える必要があります。

病害と虫害

　芝生に病害や害虫による被害が発生することがあり、これも損耗する要因の1つとなりますが、多くの場合、芝生が傷むのは一時的なもので、しばらくたつと復活させることができます。

植物病害のほとんどは発生する温度が決まっているので、季節によって同じ病害が出ます。ただし、その季節を過ぎれば回復に向かうため、病害の発生条件を揃えないようにしていれば、それほど怖がることはありません。

　芝生化校庭で起こる病害としては、冬シバのみで夏を越えようとする場合のピシウム病、秋の早過ぎる段階でライグラスの種子を播いた場合の立ち枯れ病、土壌有機物が蓄積した場合のフェアリーリング病などがあります【→Q.15】。

適切な対応の重要性

　このように芝生が傷む原因はいろいろありますが、これらはいずれも対策が確立されており、適切な設計や対応をすれば十分に回避できるものです。その場所が芝生にできるかどうかについて不安があるようならば、芝生の専門家に相談することをお勧めします。

写真1　擦り切れ状態の芝生

写真2　水溜まりによる成育不良の芝生

写真3　乾燥害による芝生の枯れ

写真4　肥料焼け状態の芝生

【芝生の損耗要因】

Q.14 芝生に害虫が発生することはないか。

A. 芝生の植栽域が少ない学校では、害虫が大発生することはまれ。

シバを好む虫

　シバを好む虫には、コガネムシ類やガの仲間が多く、このほかにもゾウムシ類、ヨコバエの仲間やケラなどがいます。これらの害虫は、樹木につくチャドクガのように人や動物に危害を加えるものはありません。

　虫の発生時期は虫によりパターンがあり、暖かいところでは発生回数も多くなります。

発生抑制の初期対策

　まずは、害虫のついた芝生を持ち込まないことです。芝生の生産地では、防除マニュアルを作成して防除を行っています。防除マニュアルの履歴を提示しているところもありますので、納品されるシバの管理状態をチェックすることが大切です。出荷の切り出しで虫が慌てて出てくることもあります。出荷検査対策を行った圃場からの芝生を仕入れ、すべてを作業者任せにせず、しっかりした生産地の管理把握をすることが望まれます。

日々の点検と防除

　日々の点検作業における虫の発生状況点検も重要です。害虫の発生パターンを理解しておくと、発生初期が見つけやすくなります。また、虫の天敵(野鳥など)の観察も見逃せません。例えばスジキリヨトウという虫がいますが、幼虫は夜に活動するので、早朝、芝生にカラスやムクドリなどが多くいるようでしたら注意して観察します。また、カラスなどの間接被害の防止にも注意しましょう。

　薬剤での防除を行うことはきわめて少ないのですが、必要な場合は、専門家の指導とともに学校関係者、地域関係者、関係機関の理解を得て実施しましょう。実施に際しては、農林水産省、環境省、厚生労働省からの法令や実施指針を順守して作業することが大切です。

表1　シバの害虫発生図（細辻豊二他著『芝生の病虫害と雑草』、全国農村教育協会、1999年をもとに作成）

害虫	1月	2月	3月	4月	5月	6月	7月	8月	9月	11月	10月	12月	越冬
シバツトガ					山		山		山				幼虫
ツトガ							山	山					幼虫
ワモンノメイガ						山							幼虫
フタテンツヅリガ						山	山						幼虫
スジキリヨトウ						山	山	山					幼虫
タマナヤガ						山	山	山	山				幼虫
ウスチャコガネ				山									幼虫、成虫は昼行性
チビサクラコガネ					山	山							幼虫
オオサカスジコガネ					山								幼虫
コイチャコガネ							山		山				成虫、一部幼虫
マメコガネ						山	山						幼虫、成虫は昼行性

2　芝生の特徴

写真1　コガネムシの幼虫

写真2　シバオサゾウムシの成虫

写真3　スジキリヨトウの幼虫

写真4　シバツトガ

【芝生の害虫】

Q.15 芝生に病気が発生することはないか。

A. 日本シバでは全面を枯らすような病気はまれである。

シバの病気の特徴

　病気は、芝種や地域の温度、土壌条件や水分・光条件に影響され発生します。夏シバ(暖地型芝草)の日本シバでは、全面を枯らすような病気はまれです。冬シバ(寒地型芝草)では夏の高温時に発生しやすく、株での繁殖のものが多いので、発生すると回復がしにくくなります。芝種の選定時にも注意が必要です。

　ほとんどの病気はいわゆるカビ(糸状菌類)で、円形に広がるものが多数です。見た目の症状でおおよその病気は推定できますが、正確に診断するためには病原菌の検査が必要となります。

　シバの病気は予防方法と対処方法などで薬剤による対処が可能ですが、人や家畜に害を及ぼす病気が少ないことや病名の判断が難しいこと、回復作業や更新作業の実施により病気の軽減ができることなどにより、学校では薬剤を使用しない場合がほとんどです。

校庭芝生の病気の種類

　主要な病気を【表1】に示します。多く見られるものとして、夏シバでの葉腐病(ラージパッチ)、冬シバでの葉腐病(ブラウンパッチ)や赤焼病、夏シバ・冬シバ双方でのフェアリーリング病(キノコの発生が観察される)やさび病、積雪地方に多い雪腐れ病などです。

芝生のキノコ

　芝生に生育するキノコは、猛毒なものはごくまれです。キノコを放置してもよいのですが、胞子を飛ばすので早朝に茎を折ってしまうのが楽な管理方法です。

藻・苔の発生

　あまり多くはありませんが、芝生とともに藻や苔が発生する場合があります。水はけが悪い場合に起こりやすいので、穴あけを行って水はけを改良し、目土を散布して藻や苔の表面を覆うとよいでしょう。

表1　校庭芝生地に発生する主要な病気

芝種	病名	発生時期	特徴
冬シバ	葉腐病（ブラウンパッチ）	初夏〜晩夏	排水不良箇所発生が多い
	赤焼病	夏	熱帯夜時期に発生、クモの巣状の菌糸
夏シバ	葉腐病（ラージパッチ）	春・秋	排水不良箇所発生が多い
	擬似葉腐病（象の足跡）	春・秋	葉と茎に発生、地下茎・根系に影響なし
冬シバ・夏シバ	立枯病	春・秋	黄褐色から褐色のパッチ、秋に枯れる
	ダラースポット	春〜秋	窒素肥料で予防できる
	カープラリア葉枯病（犬の足跡）	春〜秋	降雨により拡大する
	フェアリーリング病	春〜秋	リング状にキノコの発生がある
	さび病	春・秋	さび色の胞子が付く
	雪腐病	冬・春	積雪地帯に発生

写真1　ノシバの葉腐病（ラージパッチ）。直径0.5〜1.5m程度の円形の病斑が発生し、円の内側が枯れる

写真2　ケンタッキーブルーグラスの葉腐病（ブラウンパッチ）。直径20〜50cm程度の赤茶色の円形病斑が発生する

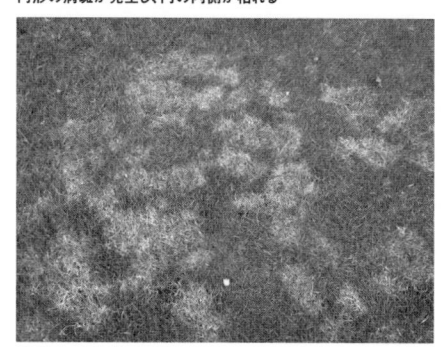

写真3　夏シバの立枯病。葉が黄褐色や褐色に枯れ、10cmくらいの病斑が集まったような不定形で発生する

写真4　改良ノシバのキコガサタケ（フェアリーリング病の一種）。乳白色〜淡褐色の小さなキノコが発生する

Q.16 芝生に雑草は生えるか。

A. 芝生にも雑草は生えるが、使用頻度や刈り込み回数によって、生え方は大きく変化する。

芝生と雑草

　芝生地を使用しないで放置しておくと、やがて雑草の種からの発芽があり、成長してしだいに雑草に覆われてしまいます。雑草は、草丈が速く伸びて太陽の光を多く取り込むため、芝草に勝って優占化します。芝生地が雑草に負けないようにするためには、芝草に十分な陽の光が当たっていることが大切です。生長の速い雑草を芝刈り機で刈るだけでも芝生地は維持できます。

　冬シバは、雑草より生長が速く密度のある状態をつくるので雑草が生育しにくい環境になりますが、夏シバでは、雑草の方が速く伸びて芝面を覆うので雑草が優占しやすいといえます。芝生の上の活動で使用したり芝刈りを多く行うことにより、シバより生育の遅い雑草はなくなります。

雑草の発生時期

　雑草の発生や生活パターンは芝生と同じで、夏シバの生活体系のものと冬シバ生活体系のものに分かれます。雑草の種からの発芽や休眠からの発生も、夏シバ・冬シバと同様な生活体系をします【図1】。

　夏シバと同様な生活パターンをとる雑草には、メヒシバ、オヒシバ、ススキ、チガヤ、オオバコ、コニシキソウなどがあります。冬シバと同様な生活体系をするものには、スズメノカタビラ、カラスノエンドウ、ウマゴヤシ、クローバー、ハルジオンなどがあります。

シバと雑草の分類

　シバは、植物分類から芝草と称するものと、利用面から背丈の低い植物や牧草、法面で利用する草も芝草ととらえる場合もあります。

　校庭を利用する側からみると、背丈が低く、擦り切れなどの抵抗がなく、運動や遊びに障害がないものは芝草といえます。目的に合わないものや異種の草を雑草と呼んでいます。

背丈が低くて生長が速く、擦り切れに強いもので一番に挙げられる植物がシバ類ですので、このような理由から学校ではシバ類が採用されています。児童・生徒数が多く使用頻度の高い学校では、雑草は生育しにくい環境となります。

雑草の管理

シバを美しく維持管理しようとしたら、除草に力を入れなければならず、管理のなかでも手取り除草は負担も時間も要します。校庭の芝生であれば、低い雑草を広い意味の芝草ととらえて管理することがよいと思われます。

除草は芝刈り機を利用しての作業（芝刈り作業とは別で、シバの上の雑草だけを刈る）を行い、手取り除草は年々株が大きくなる多年生雑草を対象に行います。これだけでも作業は軽減されます。

また、初夏の刈り込みで雑草を枯らす方法は、初夏に行う冬シバから夏シバへの切り替え（トランジション、**Q.57**参照）作業と基本は同じといえます。

写真1　冬型雑草の代表、スズメノカタビラ

写真2　夏型雑草の代表、メヒシバ

月	1	2	3	4	5	6	7	8	9	10	11	12
発生												

冬型雑草生育図

月	1	2	3	4	5	6	7	8	9	10	11	12
発生												

夏型雑草生育図

図1　雑草の発生時期

Q.17 芝生と草花を共存させることはできるか。

A. いくつかの条件が整えば可能。

フラワーオーバーシード

　公園の芝地や河川敷の法面を散歩しているときなどに、ネジバナやトキワハゼのような小さい花が芝生のなかから咲いている風景を見たことがあると思います。これは、まさに芝生と花が同じ環境下で共存して生育している状態です。

　最近では、公共施設内の芝生広場に花を咲かせ、付加価値の高い芝地景観を創設している場所があります。これは芝生の上に草花の種子を播種し、ベースの芝生との共存を保ちながら時期に応じて両者の特性を利用しているのです。花が咲き終わったら芝生と一緒に刈り込みを行い、緑の芝生に戻します。

　この工法はフラワーオーバーシード工法*1といい、時期に応じて両者の生育特性を利用して緑花景観を行うことが可能です。

共存で使用される芝草と草花の種類

　関東以西の公共施設では夏シバ（暖地型芝草。ノシバ、コウライシバ）が多く使われています。夏シバは寒くなると休眠状態に入るので、この休眠時期を利用して秋播き1年草の花の種を播種し、冬が来る前に芽を出させてしっかりした株に育てます。春先から花を咲かせますが、ベースである夏シバが休眠から覚めて芝刈りができる時期（5月頃）に合わせて、咲き終わった花も一緒に刈り込むことが重要です。もちろん、花の種だけでなく球根でも可能です。スキー場では、法面の芝地に初夏に咲く花の球根を植えたりして夏に訪れる人を楽しませています。緑の絨毯に鮮やかな彩りがあるだけで景観は人々に大きな印象を与えます。

　ただし、実際に使用する花は何でもよいというわけではなく、開花時期や草丈、性質など、土壌を含んだ芝生環境との相性が良いものを選ばなければいけません。また、ベースとなる芝生の状態も良いことが最大の条件になります。悪い状態の芝生に花の種を播くとお互いの生態系を崩してしまい、逆効果になって共存できなくなります。こういった一連の作業は特殊な機械を使用するので、実際に行う際は専門家に相談することをお勧めします。

　また花を育てている間は立ち入ることができないので芝生の養生にもなります。

冬場の街中の芝生広場などで、"芝生養生中のため入らないで下さい"と書かれた立て看板を目にしたことはありませんか。もし"お花を育てているので芝生のなかには入らないで下さい"という看板があれば、花を楽しみにしようと理解が得られやすくなり、来校者に与えるイメージも良いと思います。芝生と花を組み合わせることで新たな景観が誕生することでしょう。

写真1　フラワーオーバーシードの例（神奈川県内の公園）

写真2　ネモフィラを使用したフラワーオーバーシード

写真3　フラワーオーバーシードの例（九州地方の草原）

注　＊1　フラワーオーバーシード工法……九州グラウンドとサカタのタネが共同開発したオリジナル工法

3章

芝生の利用方法

Q.18 芝生にした校庭はどのように利用されているか。

A. ヒートアイランド対策と緑化対策だけではなく、
子供たちの環境学習効果や地域のコミュニティ形成などに
資するものとして活用されている。

遊び空間としての利用

　芝生化は、校庭をより心地良い空間へと変貌させます。いったん芝生の上に出れば、そこは天然のクッションです。転んでも痛くないので、裸足で走りまわったり、でんぐり返しをしたりと、子供たちが思いきり体を動かします。ボール遊びでは、すべりこみなど大胆な動きが増えたり、車椅子の子供も椅子から降りて、芝生の上での活動を楽しむことができるようになります。こうした活発な遊びを通して、子供たちは自然に体力をつけていきます。

　また、芝生の校庭は、穏やかな雰囲気を学校にもたらします。目にやさしい緑は子供たちの心をなごやかにし、芝生の感触は、安心感を与えてくれます。芝生の上での語らいは子供たちの心を開き、互いの理解や交流を進めることもできます。緑の環境のなかで、子供たちの仲間との絆を深めながら、社会性と自我を育んでいくことでしょう。

体育授業や環境学習での利用

　校庭を柔らかい芝生で覆うと、打撲や擦り傷といったケガの心配が減少します。この変化の効果は絶大で、体育の授業では側転や逆立ちなど、固い地面の上では難しかった動きに取り組むことができるようになります。運動会でも、組体操や騎馬戦など、落下時の安全面に考慮して控えていた種目を復活することができます。体操着が汚れることを気にせずに、柔軟体操ができるのもうれしい変化です。芝生化により、授業の工夫の幅が広がります。

　校庭を芝生にした多くの学校では、芝刈りや草取りに子供たちが参加しています。また芝生が剥げた箇所に自分たちで育てた苗を植えるなど、芝生の補修を子供たちが担当する学校もあります。世話をしながら芝生に接することは、植物が育つ過程の観察につながるだけでなく、チョウやトンボなど、芝生に集まる生き物の学習にも発展します。力を合わせて自分たちの環境を守ることの大切さを体験できるのも大きな効果です。

地域間での利用

　芝生化された校庭では、青空コンサートや盆踊り大会をはじめとした、地域のイベントが増加しました。こうしたイベントに参加する人々が、イベントの前後に芝生の世話を手伝うようにもなっていきます。もともと休日に校庭を利用していたスポーツ団体の人々も同じです。学校によっては、組織的に連絡を取り合って芝生の管理をする「芝生管理の地域ボランティア」が誕生しています。このように、学校と保護者・地域間の一体感が深まる効果も期待できます。

　地域の人々が最も喜んでいるのは、砂ぼこりがなくなったことです。芝生で校庭が覆われたことによって、風の強い日でも砂ぼこりが立ちにくくなります。これだけではなく、まちの中に緑の空間が出現したことも、地域の人々は歓迎しています。芝生化を通して、学校はまちの環境整備のシンボル、拠点となっています。

写真1　運動会

写真2　芝生では子供たちが思いきり体を動かして遊ぶ

写真3　芝生観察の授業

写真4　野外演奏会

Q.19 放課後や休日の学校開放が制限されないか。

A. 芝張り・播種後や芝生が著しく傷んだ場合は、使用を控えて芝生を保護育成(養生)することが必要となる。

　芝生が健全に生育している場合には、使用を制限する必要はありません。ただし、何らかの原因で芝生の生育が弱っているとき、ウィンターオーバーシーディング(WOS)を行ったときなどについては、芝生の養生が一定期間必要になりますので、使用方法を工夫することが求められます。

施工後の養生
　芝草の植え付けにより、すぐに使用可能な芝生が完成するわけではありません。芝草を根付かせ、あるいは発芽させ芝生となるまで育てることが必要です。使用を控えて保護育成することを、養生と呼びます(維持管理作業における養生と区別して、初期養生とも呼ばれます)。
　養生に必要な期間は、芝草の種類や植え付け方、季節によって異なります。一般には、その芝草の生育に最適な時期がはじまる頃に養生を開始すると、養生期間が短くて済みます。また、大型ロール芝を利用した張り芝などの特殊な工法では、養生期間がさらに短くなります。逆に、播種による芝草の植え付けで、生育時期に合わない場合は、養生期間が半年に及ぶこともあるので注意が必要です。

ウィンターオーバーシーディング後の養生
　WOSおよび春先に冬シバの播種を行う場合は、芝草の種類や播種の時期により異なりますが、播種後1ヵ月程度の養生期間を取り、使用を控えて芝草を十分生育させることが重要です。芝草が十分生育する前に使用を開始すると、擦り切れなどの損傷で、すぐに葉のない地面が表面に出てきます。そのまま使い続ければ、地中に眠っている夏シバの茎や根も削り取られ、翌年の初夏に、再び夏シバに戻すことが困難になります。WOS後の養生はとても重要です。

通年の利用
　通年利用については芝生の利用状況により一概にはいえませんが、平日の使用頻度や学校開放の利用者数、使用時間などとの兼ね合いになります。芝生の損傷

具合を観察し、損傷が著しいようであれば、学校開放の日程調整や利用のルールづくりなど検討が必要です。養生の仕方も、全面や一部などさまざまな方法があります。関係者の理解と協力が必要です。

利用種目による配慮

　芝草は同じ場所での連続運動にとても弱い植物なので、使用にあたっての配慮が必要です。

　例えばサッカーですと、ゴール前、キーパーはほぼ同じ場所でのプレーになります。ゴールを固定式とするのではなく、軽い素材のゴールを使用して試合と練習では場所を変えるなど、芝生への損傷を分散することが必要です。

　野球では、マウンドやバッターボックスが芝生地内にある場合も同様です。練習時は、保護用のゴムマットを使用します。またホームベースも、週替わりでグランドの四隅をローテーションで使用するなど、芝生への損傷を分散させます。その場合は、可動式のバックネットが必要となります。

写真1　移動式のサッカーゴールで練習場所を移動

写真2　ゴムマットを敷いて芝生を保護する野球の練習

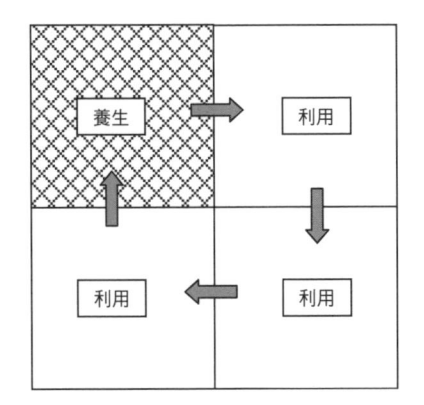

図1　芝生を区切ってローテーション利用する例（1/4ずつ区切って芝生養生する場合）

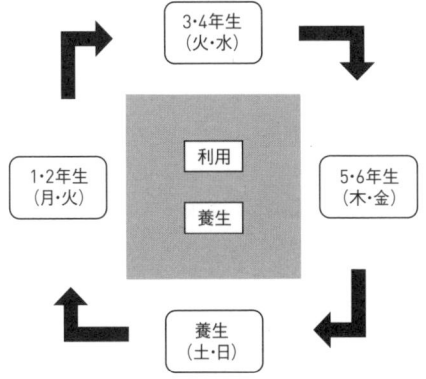

図2　小学校で学年や曜日を決めてローテーション利用する例（使う曜日を決めて芝生養生日を確保する場合）

Q.20 芝生にすると体育の授業や校庭利用団体へ影響しないか。

A. できなくなったり、制限される遊びやスポーツもあるが、芝生化によって学校が地域の中心的役割を果たし、「地域の結びつきが強くなった」「防犯意識が高まった」などの声も聞かれる。

芝生化にする前の話し合いが大切

　芝生化工事を行う前に、保護者(PTA)や校庭利用団体、地域住民へ、芝生化する場所や面積、レイアウトなどについて説明し、影響が小さくなるようによく話し合うことが大切です。また、利用できない期間や利用制限についてもよく説明し、それらを理解、納得いただいたうえで芝生化することをお勧めします。芝生化後は管理作業などでご協力いただくことになるため、こうしたプロセスは非常に重要です。

芝生化によって生まれる地域の絆

　話し合いがうまく進み、地域の協力が得られると、管理作業へも積極的に協力していただけるようにもなります。普段は接することのない商店会や老人会、PTAなど世代を超えた人々と交流ができ、「道で会って挨拶するようになった」「学校以外の地域のイベントで協力が得られるようになった」と絆が生まれた例もあります。
　また、グランドゴルフ、給食会などを芝生で行うことで地域住民が学校に来る機会が増し、児童・生徒への関心が高まり、防犯意識があがったなどの声もあります。
　このように、芝生化によって生じる効果ははかりしれないものがあります。

利用制限のある時期や季節

①**降雨時や降雨後**——サッカーなどは降雨時でも行いますが、芝生化校庭は簡易的に床土壌を改良しているところが多く、排水機能が良いとはいえません。こういったところは、降雨時、降雨後の湿った状態で利用すると、損傷が激しく擦り切れが進み、裸地化することがあります。

②**春の芽出しの時期**——4～5月の夏シバの芽出しの時期、過度の踏圧により新芽が傷められると、光合成が行われず、芝生が生育することができずに衰退、または枯死してしまうことがあります。この時期は過度の利用を避け、新芽を保護することが大切です。

しかし、春に運動会などがある学校では、練習などで利用が多く損傷を助長してしまうことがあります。回復方法についてはQ.59を参照してください。

③**ウィンターオーバーシード後**——冬シバの播種後は発芽したばかりで弱く、過度の利用で擦り切れが進み、枯れてしまうこともあります。播種後3～4週間の間は立ち入り禁止にし、保護することが大切です。その間適度な刈り込み、転圧、施肥、散水を行うことによって丈夫な芝生に仕上げていきます。ウィンターオーバーシード後の利用開始の目安は、新芽が4葉出た後、分げつ*1が開始されるころです。その後から利用開始すると、擦り切れが軽減され、良い状態を維持できます。

④**過度の利用**——芝生は生き物であるため、過度の利用や、一部分を酷使すると損傷が進み、回復が困難になることがあります。芝生が弱っているな、少し薄くなってきたなと思ったらその場所を避けて状態の良いところを使用するなど、日々の配慮が必要です。

一般的に、サッカーゴール前や遊具周辺、校舎の出入り口などが損傷を受けやすい場所となります【→Q.04】。また、この遊びはここで、この練習はこの場所でなど、固定した場所が利用されることが多くあります。校舎から遠い場所など芝生の状態の良いところを使用するなどの配慮も必要です。

表1　芝生化によって影響が出る可能性のある主な遊びやスポーツ*2

遊び・スポーツの種類	影響や回避事例
縄とび・大縄	・同じところで縄を回し続けるとその部分の芝生が擦り切れて裸地化する
一輪車	・クッション性があり適度な負荷がかかり、初期の練習には良い反面、慣れてくるとその負荷で乗りにくい ・朝礼台、鉄棒周辺などスタート地点の芝生が擦り切れやすい
野球	・マウンドやバッターボックス、定位置、塁間が擦り切れ傷みやすい ［回避策］ゴムマットを使用して擦り切れを防止するほか、計画時に、内野は芝生化しないなどのレイアウトを検討する
サッカー	・両ゴール前およびセンター付近が擦り切れやすく裸地化する ［回避策］ゴムマットの利用やゴールの移動、簡易ゴールの利用で擦り切れを軽減または回避
陸上競技	・トラック走路部分は、運動会レベルでは問題ないが、記録会的な使用をする場合にはすべりやすく敬遠される。運動会の練習などで擦り切れが進む ・石灰でラインが引けない ［回避策］走路部分は芝生化しない。ラインを引く際は芝生専用石灰や、コーン、皿コーンを使用する。ペイントを用いることも可能だが、運動会などのイベント時のみに限った方がよい

注　*1 分げつ（分蘖）……茎を増やして生長すること／*2……芝生化によってできる授業、イベントはQ.21およびQ.22を参照のこと

【授業への影響】

Q.21 どのような授業ができるか。

A. 体育の授業だけでなく、幅広く活用することができる。

　芝生は運動に適した床面をつくることができます。このことから、体育の授業や運動会での活用が想定されますが、そればかりではなく、芝生に集まる鳥や昆虫の観察、あるいは芝草のなかに生えてくるほかの野草や芝草そのものの観察というような、理科や生活科における利用も可能です。また、快適性を生かして、図画工作や美術の創作の場にしたり、学級活動の集会やレクリエーションの場としたりするなど、幅広く活用できます。

体育の授業
　転んでもあまり痛くない芝生の上では、思い切った動きが可能になります。運動が得意な児童・生徒はもちろん、苦手な子供の積極性が大きく向上します。ケガが減少するので、安心して取り組めるのです。
　芝生上でよく行われる例としては、Gボール(バランスボール)を使った運動や体操、球技では芝生面に倒れ込む可能性のあるもの(サッカー、フラッグフットボール、ラグビーなど)、裸足での体操、軽運動が挙げられます。

理科・生活科の授業
　芝生には動植物が集まり生息・生育するので、昆虫類や鳥類、植物などの観察ができます。また、それをきっかけに、自然の仕組みなど、さまざまな学習の場へ発展させることが可能です。芝生そのものは多様性に富んだ自然環境ではありませんが、児童・生徒の身近な自然として、発展的な学習につながります。
　芝生上でよく行われる例としては、昆虫、鳥、野草、芝草の観察や百葉箱設置による気象観測などがあります。

図画工作・美術の授業
　快適な空間であることを利用した、芝生上での写生、その他の創作活動を行うことができます。また、作品内容によっては、屋外発表会なども可能です。
　芝生上でよく行われる例としては、写生や写真撮影、工作などがあります。

総合学習の授業

　芝生の観察や世話を通じて、自然と人との関係を知る糸口にしたり、身近な環境について考えるきっかけにできます。維持管理作業と併せて行うことも、作業の項目によっては、環境授業としての活用も可能です。

　芝生上でよく行われる例としては、気温測定による温度変化、刈り取った芝草重量の測定による植物生産量の学習、芝生専門家に芝草や植物について話を聞く、維持管理作業への児童・生徒の参加などがあります。

学級活動など

　授業以外にも、児童・生徒の集会、レクリエーション、その他野外活動（野外での読み聞かせなど）の開催場所として利用できます。

写真1　体育の授業

写真2　理科の野外授業

写真3　「芝生を知る」勉強会

写真4　総合学習（芝刈り体験）

【授業での利用】

Q.22 どのようなイベントができるか。

A. 学校行事はもとより、保護者などによるさまざまなイベントに活用でき、地域や企業などとの幅広い連携を築くことができる。

学校行事のイベント活用

　運動会では、芝生のクッション性を生かした競技や演目が工夫できます。芝生化のレイアウトによっては、芝生を観覧席とすることも可能です。例として、裸足の運動会、組体操、騎馬戦、前転・後転などを含んだ演目、保護者観覧席、昼食の場があります。
　青空給食も可能です。これは、学校給食の時間にお弁当形式のメニューで行います。食後は、芝生の上で遊ぶことで屋外での昼食だけにとどまらず、いろいろな人たちとの交流の場としてのきっかけづくりとなります。例として、縦割り給食による他学年との交流、近隣の幼稚園・保育園との昼食会、小学校・中学校間の交流昼食会があります。

児童・生徒や保護者・地域によるイベント活用

　野外音楽会や演奏会に活用できます。青空の下で、児童・生徒の演奏、PTAの演奏、プロの音楽家など、さまざまな音楽を芝生の上に座って聞きます。野外映画鑑賞会では、芝生の上で寝ころんで映画を観賞できます。実施時期は、夏がお勧めです。また、キャンプであればデイキャンプ、宿泊キャンプどちらも可能です。芝生の上にテントを設営すれば、床はふかふかです。ただし、芝生の上は直火は禁止ですから、炊事は芝生の外で行います。夜には芝生の上で寝ころんで星空を観賞できますが、冬場では寒さ対策が必要です。さらに野点は、近隣の中学校や高等学校の茶道部と連携したり、または地域住民との連携で行います。野点は雰囲気が重要ですので、道具や設営に注意します。そのほか納涼会、盆踊りなどでは、町会のイベントなど地域と連携して行うことで、芝生の良さを地域で共有できます。
　もちろん、サッカーやドッジボールの競技大会や親子運動会など、スポーツ大会の会場としても使用できます。また、プロや実業団のスポーツ選手を招く、または競技普及活動を行っている団体を招いてスポーツ教室も開催できます。例として、サッカー、野球、ラクビー、陸上競技や、グランドゴルフ、スナックゴルフ、タグラクビー競技などがあります。

写真1　運動会

写真2　青空給食

写真3　スポーツ教室

写真4　地域のお祭り

写真5　校庭でキャンプ

写真6　芝生でエクササイズ

写真7　芝染め教室

写真8　芝生紙すき教室

【イベントでの利用】

4章

芝生の計画設計・工事

Q.23 芝生化設計のポイントを教えて。

A. 学校担当や行政サイドと、芝生化の目標や維持管理の方向性などについて、十分に合意を図りながら設計を進める。

　校庭の芝生は、サッカー場やゴルフ場のような品質（美しい芝生）までを求めるものではなく、少し剥げていても雑草が混じっていても問題はありません。学校関係者で気軽に維持管理ができ、できる限りたくさん校庭が使用できることが求められます。そのためには、踏圧の影響で傷んでも回復力の高い芝草を選ぶこと、さらには芝草が健全に生育できる土壌をあらかじめつくっておくことなどに配慮して設計を行うことが大切です。
　すなわち、設計においては「使いやすく管理しやすい芝生地づくり」をテーマに、さまざまな工夫をこらした芝生づくりに加えて、学校の実情に合った管理体制づくりの方向性を示すことが必要となります。

設計にあたっての主な留意点

①利用面を考慮した芝生のレイアウト
　「芝生になったら使いにくくなった」ということにならないように、校庭の利用面を十分に考慮して、芝生にして良い場所と悪い場所を見極め、無理のないレイアウトを行います。

②管理面に配慮した設計
　「いくら管理しても芝生が育たない」ということにならないように、管理面を十

【テーマ】	【基本方針】	【計画・設計のポイント】
使いやすく管理しやすい芝生づくり	利用に適した芝生レイアウト	利用面を十分に考慮した芝生の配置
	管理が難しくない芝生	回復力がある強い芝草を選ぶ
	たくさん使える芝生	芝草が健全に育つ植栽土壌をつくる
	楽しく維持管理できる体制	芝生を通したコミュニティの形成を図る

図1　計画・設計にあたっての基本的なポイント

分に考慮して、想定される管理体制でも維持できるような芝生仕様を設定します。

③確かな工事工程の設定

「予定していた時期に芝生が使えない」というようなことがないように、目標とする芝生利用開始時に間に合う工事工程を設計時点でしっかり立てておき、芝生を植栽しなければならない時期を明らかにしておきます。

④学校関係者との合意形成

「芝生管理をはじめたら話が違っていた」というようなことがないように、芝生化したらどのように使えるか、どのように管理するか、工事でどのくらい校庭が使えないのかなどの想定される事項について、学校関係者に十分な情報を提供し、合意を得てから設計を進めます。

⑤行政担当との芝生管理サポートの連携

「芝生管理に必要な資材提供や情報提供などのサポートがない」ということがないように、困ったときの相談窓口や管理資材の支給、管理機械のメンテナンス費用などの継続的にサポートが必要と考えられる事項について、行政担当と十分に調整したうえで、実際に芝生管理を行う関係者との合意を図ります。

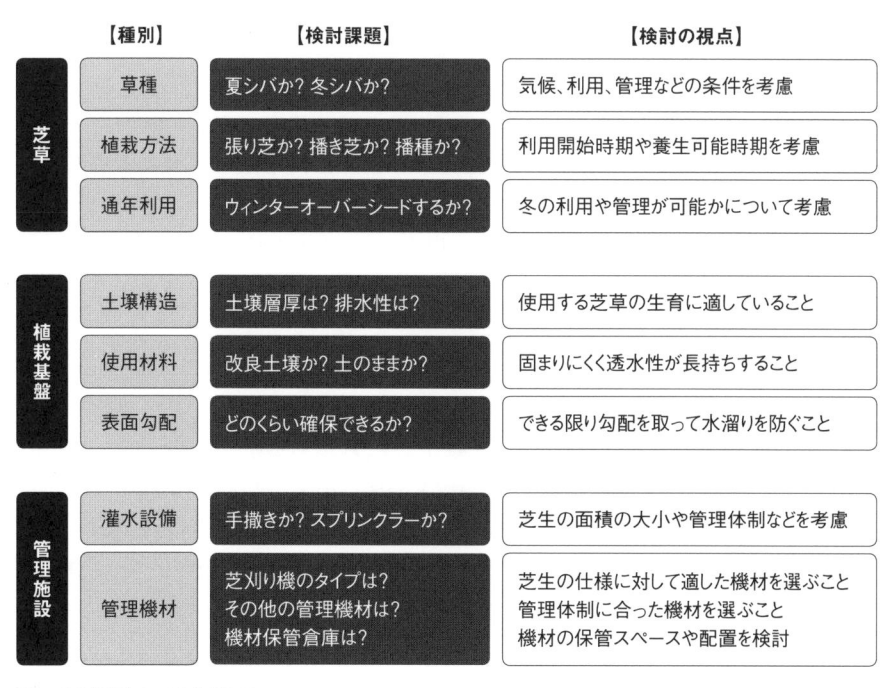

【種別】		【検討課題】	【検討の視点】
芝草	草種	夏シバか？冬シバか？	気候、利用、管理などの条件を考慮
	植栽方法	張り芝か？播き芝か？播種か？	利用開始時期や養生可能時期を考慮
	通年利用	ウィンターオーバーシードするか？	冬の利用や管理が可能かについて考慮
植栽基盤	土壌構造	土壌層厚は？排水性は？	使用する芝草の生育に適していること
	使用材料	改良土壌か？土のままか？	固まりにくく透水性が長持ちすること
	表面勾配	どのくらい確保できるか？	できる限り勾配を取って水溜りを防ぐこと
管理施設	灌水設備	手撒きか？スプリンクラーか？	芝生の面積の大小や管理体制などを考慮
	管理機材	芝刈り機のタイプは？ その他の管理機材は？ 機材保管倉庫は？	芝生の仕様に対して適した機材を選ぶこと 管理体制に合った機材を選ぶこと 機材の保管スペースや配置を検討

図2 芝生化設計での主な検討事項

Q.24 芝生にする場所やレイアウトはどのように決めるか。

A. 「芝草の生育面」と「校庭の利用面」の両面を考慮する。

　芝生が長持ちするかどうかは、芝生のレイアウトの良し悪しにより決まる、といっても過言ではありません。良いレイアウトであれば芝生の維持は容易になりますが、悪いレイアウトをしてしまうと、どんなに維持管理をがんばっても芝生が維持できなくなります。適切なレイアウトを行うためには、次のような考え方に基づいて、芝生化する場所を決める必要があります。

生育に必要な環境条件に合っているか（芝草の生育面）
　生育環境の留意点は、①日当たり、②水はけ、③広さの確保です。
　芝草が生育するためには多くの日照時間が必要になるので、日陰になるような場所を避け、最低でも1日当り6〜8時間以上の日照時間が確保できる日当たりの良い場所を選びます。また、芝草は、湿ったところでは生育が鈍り、病虫害も起こりやすくなります。雨が降った後になかなか水が引かないような場所を避け、高い場所や表面排水勾配が確保されているなどの水はけの良い場所を選びます。
　芝草は、あまりにも多く踏まれると痛んでしまいます。踏まれる場所を分散させるためにも、極端に狭い場所や細長い場所をつくらず、できるだけ広い面積でひとまとめにします。広い面積が確保できる場合には、芝生を養生（ウィンターオーバーシード後や補修した後など）する際に校庭を半分に分けて、養生時期をずらすこともできるようになります。

校庭のさまざまな利用条件に合っているか（校庭の利用面）
　校庭には、校舎の入り口や通路、遊具周りなど、利用の集中する場所があります。このような場所では、踏圧により芝草が傷みやすいので、別の場所を選ぶようにします。また、校庭では体育の授業やクラブ活動などの運動利用が行われます。芝生にした場合に、「それらの運動利用に影響がないか」ということについて十分に確認したうえで、芝生化できる場所かどうかを判断します【表1】。
　校庭ではさまざまな開放利用も行われます。それらの利用に影響がないかを関係者に確認することも、場所を決める判断材料の1つとなります。また、管理作業後

表1　運動利用の妨げになる可能性のある主な場所 *1

・陸上競技のトラック走路や直走路部分、走り幅跳び（砂場）の助走路部分
・野球・ソフトボールなどの内野部分
・テニス・バスケットボール・バレーボールなどのコート部分

の養生期間中は芝生に入れない場合もありますので、そのときのために、芝生を迂回できる通路や代替で使える広場を確保しておくと便利です。

利用者間の意見調整ができているか（レイアウトを決めるポイント）

　芝生に対するイメージは人それぞれ違います。校庭の場合では、「ある程度の芝生をたくさん利用したい」というような目標を校庭利用者間で共有することが大切です。目標設定が同じ方向に向いていないと、レイアウトが決めにくい状況になります。また、レイアウトの前に校庭利用者と十分な意見調整を行います。レイアウト図は、「もう決まってしまったもの」と誤解されがちで、トラブルの元になりやすく、校庭利用者と十分な意見交換をしたうえで作成します。

　芝生の維持管理は学校とその関係者により行われますので、維持管理できる能力や体制に合わせたレイアウト（特に面積）にすることも大切です。

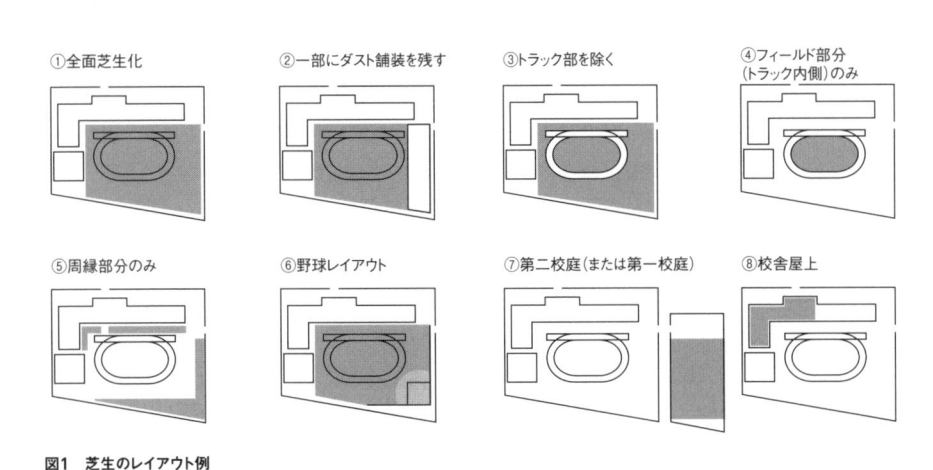

①全面芝生化　②一部にダスト舗装を残す　③トラック部を除く　④フィールド部分（トラック内側）のみ

⑤周縁部分のみ　⑥野球レイアウト　⑦第二校庭（または第一校庭）　⑧校舎屋上

図1　芝生のレイアウト例

注　*1　小学校と中学校では利用条件が異なるため、それぞれの事情に合った判断が必要になる。特に中学校の校庭では記録会や大会など公式の競技が行われる場合があるため、関係者への確認を十分に行って判断する

Q.25 芝生の種類はどのように決めるとよいか。

A. 温量指数で芝草の適応地を予測することができる。
また、学校の諸条件も検討する。

暖かさの指数（温量指数）によるゾーニング

　暖かさの指数（温量指数）とは、月平均気温が5℃以上となる月だけを気温から5を引いて1年間積算した数値です。温量指数のゾーニングで芝草や植物の生育適応性を区分しています【図1】。
　例として、【表1】に東京都八王子市の温量指数の算出を示します。温量指数は114.9となります。この数値を【図1】のゾーニングに当てはめると、114.9はⅣのゾーンに入ります。次に、【表2】に示す植栽ゾーンの表から、Ⅳの適正芝種を選定の対象とします。

シバの適正エリアによる選定

　【表2】では、地域によって使用できる芝草と使用できない芝草があることがわかります。北海道のⅠのエリアでは冬シバが適正です。Ⅵのエリアでは夏シバが適正となります。例とした八王子はⅣのエリアですので、冬シバ・夏シバとも、それぞれ1年中芝草を緑色で保つことは難しくなります。

芝草の特性と学校の諸条件

　芝草には生育速度の速いものと遅いものがあります。この生育速度の違いによる芝種の選定は、学校の児童・生徒1人当りの運動場面積と関連して管理の負担に影響してきます。例えば、1人当りの面積が広いところで生育速度の速い芝種を選定すると、刈り込み回数の増大、刈りカス処分の増大、施肥量の増大につながります。逆に、1人当りの面積が狭いところで生育の遅い芝種や品種を選定すると、損傷からの回復が遅くなり補修が多くなります。
　また、植栽地の環境で通路や出入り口としての使用が多い場所かどうかも考慮して選定にあたることが大切です。

図1 温量指数のゾーニング

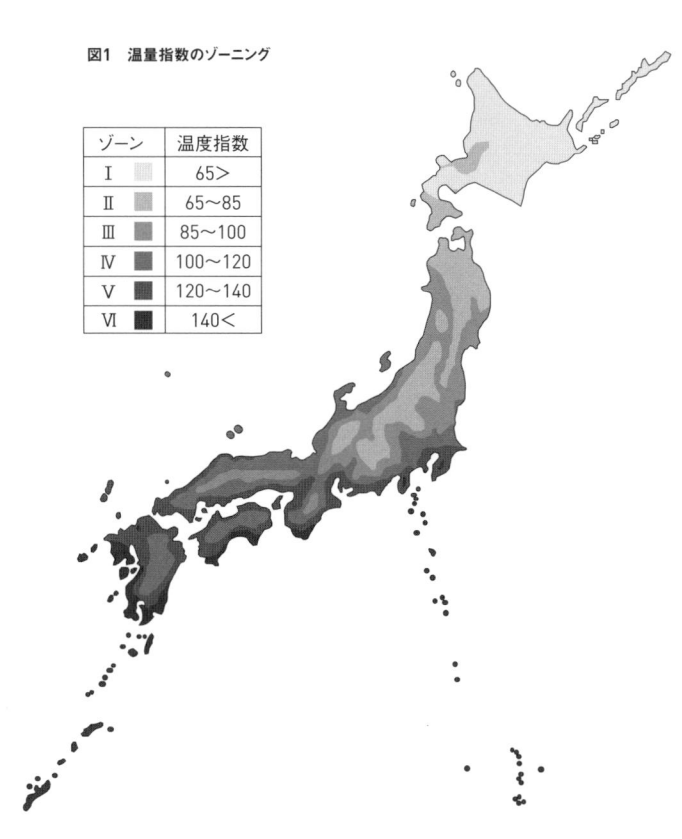

ゾーン	温度指数
Ⅰ	65>
Ⅱ	65〜85
Ⅲ	85〜100
Ⅳ	100〜120
Ⅴ	120〜140
Ⅵ	140<

表1 東京都八王子市の温量指数算出表

月	平均気温(℃)	5℃以上の月を5を引いて積算した数
1月	3.2	―
2月	4.1	―
3月	7.5	2.5
4月	13.1	8.1
5月	17.6	12.6
6月	20.9	15.9
7月	24.7	19.7
8月	26.1	21.1
9月	22.2	17.2
10月	16.4	11.4
11月	10.7	5.7
12月	5.7	0.7
温量指数		114.9

表2 芝種の植栽ゾーン

芝種	草種	温量指数エリア Ⅰ	Ⅱ	Ⅲ	Ⅳ	Ⅴ	Ⅵ
冬シバ(寒地型芝草)	ケンタッキーブルーグラス	◎	◎	◎	○	△	
	ベントグラス類	◎	◎	◎			
	ライグラス類	○	◎	◎	◎	○	△
	トールフェスク	◎	◎	◎	◎	○	△
夏シバ(暖地型芝草)	ノシバ		○	◎	◎	◎	◎
	コウライシバ			○	◎	◎	◎
	バミューダグラス			△	◎	◎	◎
	センチピードグラス			△	◎	◎	◎
	セントオーガスチングラス			△	◎	◎	◎
	シーショーアパスパラム				△	○	◎

【芝草の選定】

Q.26 芝草の植栽方法はどのようにして決めるのか。

A. 植栽方法や使用する草丈の特徴から決める。

いろいろな植栽方法

【表1】に示すように、冬シバ、夏シバそれぞれの植栽形態によって植栽時期、養生期間が変わってきます。シバ種の特徴と植栽の特徴をつかんで植栽方法を決めます。なお、地域に適したシバの選定は**Q.25**を参照してください。

植栽方法のほとんどは児童・生徒も参加が可能なので、専門家の指導を受けながら皆で実施します。

植栽方法の特徴

材料費をかけず皆で育てながら芝生化するのであれば、撒き芝やポット苗の育成植栽方法がよいでしょう。芝生を観察しながら実施できます。また、早く使用したいのならソッド芝(切り芝)、ロール芝、ビッグロールなどの植栽になります。中でもビッグロールは、利用開始までの期間が他の工法に比べてかなり短くなります。

表1 植栽方法一覧

	植栽形態	植栽時期	児童・生徒参加	特徴
冬シバ(寒地型芝草)	種子	9月下～10月	可能	養生期間が長い、材料費は安価
	ソッド苗	3月下～5月下／9月下～11月上	可能	材料割高
	ロール芝	3月下～5月下／9月下～11月上	可能	材料割高
	ビッグロール	3月下～5月下／9月下～11月上	可能	養生数週間、材料・工費はかなり割高
夏シバ(暖地型芝草)	種子	5月下～7月下	可能	養生期間が長い、材料費は安価
	撒き芝	6月中～7月下	可能	工事養生期間が長い、材料費は安価
	ポット苗	6月中～7月下	可能	工事養生期間が長い、材料費は安価
	ソッド苗	2月下～9月下	可能	植栽工期＋養生1ヵ月
	ロール芝	2月下～9月下	可能	植栽工期＋養生1ヵ月
	ビッグロール	2月下～9月下	可能	養生数週間、材料・工費は割高

種子による植栽

　冬シバでは播種が多く採用されます。肥料散布機や目砂と混ぜて、手撒きで行うこともできます。夏シバでもノシバ、バミューダグラスの種子がありますが、発芽に時間がかかるので、補修程度にとどめたほうがよいでしょう。

写真1　撒き芝（生徒による作業）

写真2　撒き芝

写真3　ポット苗植栽

写真4　ロール植栽

写真5　ビッグロール植栽

写真6　ビッグロール植栽

【芝草の植栽方法】

Q.27 冬シバだけで芝生化することはできるのか。

A. 利用条件・日照条件や気候、土壌などの生育環境や、維持管理の環境が合えば冬シバだけで芝生化することは可能。

冬シバの魅力

　冬シバ(寒地型芝草)の魅力は、何といってもその葉色の美しさです。淡い緑色の夏シバ(暖地型芝草)に比べて、冬シバは実に鮮やかな緑です。

　夏シバが25℃以上の暑い気候を好むのに対し、冬シバは15～25℃程度の穏やかな気候を好みます。"寒地型"という言葉の印象から、寒さに非常に強く冬場でも播種できると思われがちですが、関東平地では春播きは3月下旬～5月下旬、秋播きは9月上旬～10月下旬が目安になります。高温多湿を非常に嫌いますので、北海道や標高の高い寒冷地以外では、夏場の病気やストレスにより品質や芝生密度が低下し、夏越しが難しいといわれています。

冬シバのさまざまな種類

　冬シバにも多くの草種があります。発芽・初期生育が速いペレニアルライグラスは休眠期に入る夏シバのベースに播種することで通年緑にするウィンターオーバーシーディングという技術で多く使用されますが、暑さに非常に弱いため単草種だけで1年間使用することは非常に難しいです。

　また、米国の個人住宅のイメージでもある芝生には、耐病性があるトールフェスクが多く使われますが、株化しやすいため芝刈りを頻繁に行わないといけません。ほふく茎があるケンタッキーブルーグラスはグラウンドやゴルフ場で使用されていますが、維持するためには芝刈りや施肥、灌水までハイレベルの管理が要求されます。

　ゴルフ場のグリーンで使用されているクリーピングベントグラスは、そうしたハイレベルな管理を行うことで1年を通して常緑の状態を維持することができます。

維持管理の方法

　冬シバで1年中緑の芝生を維持するためには、何種類かの冬シバを混合し、各草種の短所と長所を組み合わせるのがよいでしょう。ただ、維持管理については適切

な水管理(灌水)と定期的な芝刈り作業、施肥や病気、目砂散布などの対策が重要であり、夏シバの維持管理に比べると高いレベルの管理が必要になります。

特に夏場は何かしらのダメージが発生しますので、芝生の生育密度が低下した場合は、適期に種子の追い播きや補植なども検討する必要があります。

その反面、冬シバの管理に手間をかければかけるほど良い状態を維持しますので、芝生の良さを最も感じられる草種といってもよいでしょう。生育環境やコストを含めた維持管理ができるのであればぜひ挑戦してみてください。

写真1　長野県内ラグビー場(ケンタッキーブルーグラス使用)

写真2　米国のゴルフ場(ベントグラス、ブルーグラス使用)

表1　冬シバの特性(◎…強い(高い)／○…条件が整えば強い(高い)／△…弱い(低い))

草種	草丈(cm)	ほふく性	耐寒性	耐踏性	耐暑性	耐陰性	低刈抵抗性
クリーピングベントグラス	20〜40	◎	◎	◎	○	○	◎
ケンタッキーブルーグラス	20〜40	○	◎	◎	○	○	○
トールフェスク	30〜80	△	◎	○	○	△	○
クリーピングレッドフェスク	30〜60	○	○	○	△	○	○
ハードフェスキュー	30〜70	△	○	○	△	○	○
ペレニアルライグラス	40〜70	△	○	○	△	△	○
アニュアルライグラス	40〜70	△	○	○	△	△	△

注　冬シバのみで比較

Q.28 競技場（サッカー場）のような芝生にできるのか。

A. ハイレベルの維持管理が必要だが、
そうした芝生に近づけることは可能。

　競技場では、サッカーをはじめとする激しいスポーツの使用に耐えられるような芝生づくりが行われています。また一方で、テレビ放映を含めた観戦者側から見た美しさも求められるため、維持管理の経験や知識、高い管理技術が必要となります。
　校庭でも、競技場レベルの芝生づくりを行うことは可能ですが、管理スタッフの技術が高くなり、校庭の利用上問題がないなどの条件が整った場合に限られます。

高密度の芝生をつくる

　競技場（サッカー場）では、スポーツ使用に耐える丈夫で密度の高い芝生を育てるために、生育旺盛期には2日に1回（毎日行うこともある）程度の芝刈りを行い、軸刈りになることを避け、上方への伸びを抑えることによって横方向への伸びを促進し、芝生密度を高めて擦り切れ抵抗性やクッション性を高めています。
　冬シバにおいても刈り込み頻度を上げ、分げつ【→Q.20】を促進することによって同様の効果を得ています。

芝生の縞模様をつくる

　競技場（サッカー場）などは、縦横などに縞模様が見られます。競技などでは、3連や5連のリール式乗用芝刈り機を使用して刈り込みを行います。芝刈りユニットには、ローラー（溝有、溝無など）が装着されており、刈り込みを行う方向によって芝生の倒れる向きが変わります。この向きの違いと光の当たり方、見る方向によってきれいな縞模様ができるのです【写真1】。
　競技場によっては、縞模様を工夫して特色を出しているところや、米国・大リーグ野球場などではきれいな縞模様や絵を描いて観客を楽しませています。

写真1　縞模様ができた芝生のグラウンド

校庭芝生では、小型のリールモア（グリーンモア、ティーモアなど）で刈り込んだり、コートブラシで芝生を寝かすことによって縞模様をつくり出すことが可能です。一般的に夏シバのティフトンより、冬シバの方が模様をつくりやすいようです。

肥料を使い分ける

競技場（サッカー場）の肥料は、粒状化成肥料だけでなく用途や、季節、効果の違いなどに合わせてさまざまな種類のものを使い分けています。

・緩効性肥料（粒状・液状）
・速効性肥料（粒状・液状）
・有機質肥料（粒状・粉状など）
・微生物肥料（粒状・粉状・液状）

春先の芽出しの時期や、播種時などはリン酸（P）の高いものを施用し、通常は窒素（N）が高く、リン酸が低い（またはゼロの）成分のもの、耐暑性や耐寒性を高めるときはカリウム（K）、損傷からの回復をはかるときは鉄（Fe）など肥料成分含有量の違うものを使い分けています。

早く効果を得たいとき、冬季の活動が弱まり肥料吸収能力が低下しているときは、葉面吸収の液肥を使用します。

また、イベントに合わせて何日前にどの施肥を施用すると、緑の濃い芝生が演出できるかなどグランドキーパーの腕の見せどころです。

冬季の色落ち（黄化）を防止する

競技場の芝生は、冬季はウィンターオーバーシードを行い冬シバに草種を変換し1年中緑を保っています。冬シバといっても低温になると生育が弱まり、葉先が黄化します。養生シートを敷設して気温（地温）を上げ、黄化防止、緑度の維持・回復の効果を得ています。

地温を上げるために、地中ヒーティングシステムが設置されている競技場もあります。

グラウンドキーパーを育てる

競技場には芝生に関する専門の知識を有したグラウンドキーパーがいます。

競技の日程や、芝生の生育状況に合わせた維持管理工程（刈り込み、施肥、散水、更新作業など）を作成し、的確に実行するキーパーや優秀なスタッフによって維持管理されています。校庭芝生においてもそういった核になる人材を育てることも、必要でしょう。

講習会、ウェブサイトやブログ、芝生関連書などから情報を得て、それらを活用することも競技場の芝生に近づけるヒントになるでしょう。

Q.29 校庭の土を利用して芝生化できるか。

A. 場所により可能だが、すぐに補修が必要になるところもある。

校庭の土の性質

校庭の土はもともとは芝生の植栽を考えずにつくられた土です。

土の性質としては、次のような観点からつくられています。
① 水はけが良く、降雨後も早く使用できる。
② 表面が平らになり活動がしやすく、降雨が早く表面排水できるようにする。
③ 運動や遊びで土が浮いたり、移動しないようにする。
④ 運動や遊びでケガが起こりにくいようにする。
⑤ 砂が風で飛ばないようにする。
⑥ 雑草が入りにくくする。

このようなことから細かくて隙間の少ない土が選ばれ、機能性を保つために土に改良材を混合しています。ダスト舗装*1は、このような条件に適うために使用されています。この結果、校庭の土壌は、固い、土の空隙が少ない、アルカリ性が高い、肥料分が低くて肥料が浸透しにくいという性質となっています。

これらの条件でも芝生は生育できますが、芝生にとって生育良好な活動場所ではありません。使用頻度の低いところでは使用可能ですが、使用頻度の多い場所では損傷を受けると再生が困難といえます。

使用の目安と注意点

Q.04【表1】で、1人当り20㎡以上の面積があるところは、そのまま使用できる可能性が高いのですが、水分が保持しにくい、肥料保持ができにくい、根系の進入が悪く生育しにくい、再生が遅いなどの欠点があります。また、干ばつ時期には損傷を受けやすいので注意することが大切です。

アルカリ性に強い芝草種

芝草のpH適応範囲を【表1】に示します。アルカリ性に強く、校庭の土そのままで比較的多く使用されている芝草として、夏シバのバミューダグラスがあります。適温ですと生育が速く、短時間に完成します。しかしバミューダグラスは根系のライ

ゾーム（地下茎）生育が浅く、干ばつにも弱いので、地上部が損傷を受けると衰退するのも速いです。なかでもティフトン419はアルカリ性には弱く、pH8.0を超えると急激に生育が落ちる傾向がありますので、全くリスクがないというわけではありません。ライゾームがバミューダグラスより発達する日本シバ類のほうが良好といえるでしょう。

このように、1人当りの面積をもとに、土壌条件（土壌の粒度、土壌の化学性透水性）や土壌の構造（土壌の厚み、排水構造）などを検討して、より芝生の良好状態を維持できれば補修もスムーズに進みます。

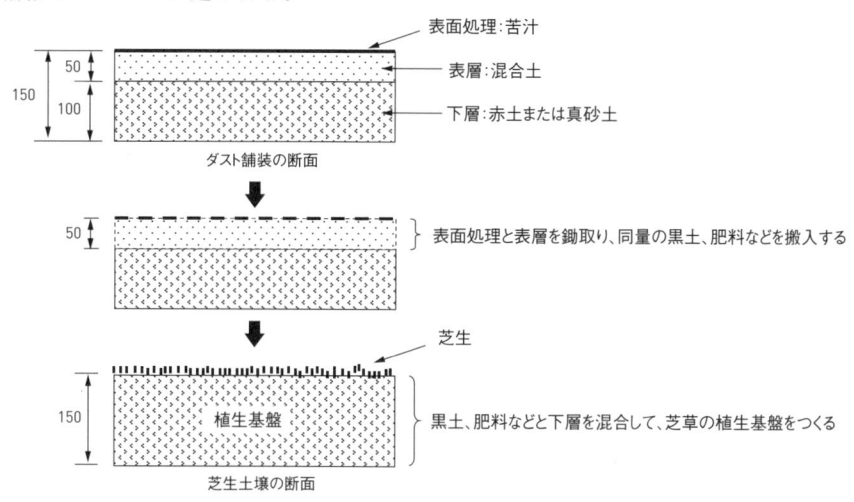

図1 芝生土壌の断面

表1 芝草のpH適応範囲（Beard、1973）

最適pH範囲	草種	
	冬シバ（寒地型芝草）	夏シバ（暖地型芝草）
6.5～7.5		セントオーガスチン
		バヒアグラス
6.0～7.0	ケンタッキーブルーグラス	日本シバ
	ペレニアルライグラス	バミューダグラス
	イタリアンライグラス	—
5.5～6.5	トールフェスク	
	クリーピングベントグラス	—
	スズメノカタビラ	
	レッドフェスク	
5.0～6.0	ベルベットベントグラス	カーペットグラス
4.5～5.5	シープフェスク	センチピートグラス

写真1 児童数274人、運動場面積約3,300㎡、1人当り運動場面積12.0㎡のバミューダグラスポット苗。1年目に擦り切れ、2年目に再度植栽したが損傷を受けている

注 *1 ダスト舗装……石を砕いて砕石砂利をつくったときに出る粉のような砕材を利用した舗装

【校庭土利用の芝生化】

Q.30 芝生の土壌はどのようになっているか。

A. 基本構成は、植生基盤（芝草の根の生育を支える改良土壌）と
排水層（浸透水を排水する砂利層）
または排水施設（暗渠排水施設）の2種類。

管理のしやすさを考慮した土壌

今でこそ校庭を芝生化した学校が増えてきましたが、以前は「使うための芝生」についての専門的な知識が少なく、土の校庭に戻ってしまった例がかなりありました。当時は「芝生管理の難しさ」だけがクローズアップされており、芝生の生育に重要な「土壌づくり」の視点について配慮された事例が少なかったことも、芝生を維持できなかった大きな一因であると考えられます。

使うための芝生に適した土壌をつくるということは、その後の芝生管理をやさしくすることにもつながります。学校関係者による芝生管理を進めるためには、できる限り維持管理作業が軽減できること、すなわち「管理しやすい芝生」を目的とした土壌づくりが大切です。

芝生土壌の断面構成例1（現状の土を取って改良土壌を入れ替えた場合）

植生基盤——排水性が良く固まりにくい土壌をつくるため、砂や土、土壌改良材、肥料などを適切に配合します。土は、特に問題がなければ現状のものも使えます。
排水層——植生基盤の浸透水を排水するための層で、主に砕石が使われます。
暗渠排水——浸透水を集めて場外に排水するための施設で、暗渠排水管（穴あき）の周りに砂利を詰めて整備します。

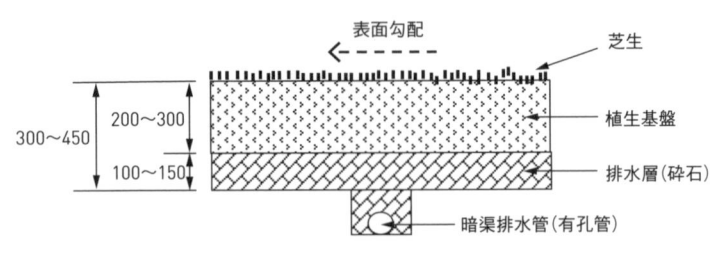

暗渠排水管のある芝生の土壌断面

図1　芝生土壌の断面構成例1（単位:mm）

芝生土壌の断面構成例2（現状の土のまま、または土壌改良のみ行った場合）

植生基盤——排水性が良く固まりにくい土壌をつくるため、砂や土、土壌改良材、肥料などを適切にその場で混合します。現状の土が良質で排水性が良い場合のみ採用できます。

排水施設——必要に応じてスリットドレーンを整備します。これは、細い溝を掘り砂や砕石を詰めて排水を良くする方法です。

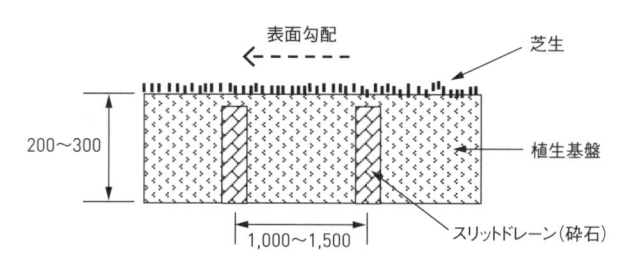

スリットドレーンのある芝生の土壌断面

図2　芝生土壌の断面構成例2（単位：mm）

植生基盤を改良土壌とする理由と効果

メリット（土だけの土壌と比べて）
①固まりにくい土壌が長持ちする（通気性の維持）
②透水性のある土壌が長持ちする（水はけの維持）
③保水性のある土壌が長持ちする（水もちの維持）

→ **主な効果**
芝草の健全な生育条件（土壌内の隙間を保つ）を維持しやすく、結果的に管理作業の軽減が図れる

排水層を設ける理由と効果

メリット（排水層がない場合と比べて）
①どの場所からでも排水できる（均一な排水）
②保水性も期待できる（適度な土壌水分維持）
③エアレーション（穴あけ）の効果が長持ちする

→ **主な効果**
良好な排水および保水状態を維持しやすく、更新作業（エアレーション）の軽減が図れる

土壌づくりの基本的な工法と特徴

3通りの工法がある
①現状土のまま芝生化
②現状土に改良材を混合して芝生化
③客土を行って芝生化

→ **主な特徴**
①現状土の排水性が確保される場合に限る
②現状土の排水性が確保される場合に限る
③現状土の改良では土壌に問題がある場合

図3　土壌づくりの考え方

Q.31 散水設備は必要か。

A. あれば、日々の管理が楽になる。

　水がなければ植物が生育できないのと同様に、芝生にも水が必要です。散水設備の初期設定は **Q.04【表1】** に示すとおりですが、芝生が損傷を受けた際に回復を促進するためにも散水は必要です。散水する手間は意外に大きく、灌水設備がないと大変な作業になります。灌水設備としては、ホースを散水栓につないで手で撒く手撒き散水から、移動型のスプリンクラー、埋込型のポップアップスプリンクラーまで多種多様ですが、夏場や播種後などは毎日散水が必要になるので、スプリンクラーがないと広い面積ではかなり時間がかかってしまいます。

散水設備の必要性と水資源の活用
　過去に芝生化した学校で芝がなくなってしまった原因の1つに、散水での労力の負担と散水施設の不備があります。生育期の日々の管理作業の多くは散水であり、芝生への負荷が多くかかる場所や降雨の少ない時期、芝生面積が広いところも散水設備が必要です。
　また、芝生管理費用のなかで最も多くを占めるのが水道代です。効率の良い土壌状態と水管理が必要となります。日本は水資源に恵まれた国で、東京では年間約1,500mmの降雨があります。降雨利用と散水を上手に管理して使用することが大切です。水の多いところでは流水利用も検討されます。地下水の大きな影響のないところでは、井戸の活用もよいでしょう。最近は、校舎や体育館の雨水を貯蔵して散水にしている学校もあります。降雨の少ない地域や芝生面積の大きいところでは検討事項になります。

スプリンクラー
　水管理では、スプリンクラーの故障をよく耳にします。スプリンクラーは砂詰まりなどのトラブルが少ないものを選び、もし故障した場合には、似たようなケースで実際に設置したところの意見を聞くことをお勧めします。また、飛砂防止対策だけを目的としてスプリンクラーを設置した学校では、芝生化エリアをカバーできるかどうかの検討が必要になります。
　故障あるいはトラブルが起きたときにすぐ対応できるよう、質問先や故障時の

連絡先をしっかり準備しておきます。

散水量と散水時間

芝種、面積、土壌要因、地域の気候などで散水量や時間が変わります。夏季の晴天で気温が30℃以上、湿度が45%以下のとき、芝生面からの蒸散は4〜8mm/日・㎡といわれています。10〜15mm/日・㎡を基準として応用します。

病気の発生しやすい時期や夏季は早朝がよいでしょう。冬季は温度が上がる10時頃に実施します。ただし、緊急を要するときは夏季でも日中に実施します。

写真1　スプリンクラーによる散水

写真2　スプリンクラーヘッド

写真3　スプリンクラーヘッドが詰まった状態

写真4　列状に散水

表1　散水設備の考え方

- ある程度の散水設備が必要
（芝生の生育には雨水だけでは足りない）
- 手撒きで間に合わない場合には散水機器類が必要
（芝生面積が大きな場合、作業時間がかかるためスプリンクラーなどの散水機器類の整備が必要）
- 生育状態に合わせた作業が大切
（時期や使用状況で芝生の要求する水分量が異なる。散水不足や過多にならないよう、生育状態を把握して作業を行うことが重要）

Q.32 散水用の水はどのようなものがよいか。

A. 散水設備の水はほぼそのまま使用できる。
塩素濃度が規定どおりならプール水も利用可能。

灌水用水の水質

　芝生への灌水用水の水質で重要なのは水素イオン濃度(pH)と塩類濃度(EC)、含有成分です。日本で利用可能な灌水用水は、ほぼこれらの数値はクリアされています【表1】。

　灌水用水のpHは、水に溶け出す元素量に影響します。極端に高いpH(アルカリ性)や低いpH(酸性)では植物細胞は死んでしまいます。

　電気伝導度(EC=Electric Conductivity)は、水の電気の通しやすさの尺度(抵抗の逆数)で、mS/m(ミリジーメンスパーメートル)あるいはμS/cm(マイクロジーメンスパーセンチメートル)という単位で示されます(1mS/m=10μS/cm)。通常、水中に溶解している物質の量が多いほどECは高くなり、「汚い水」となります。ECは塩害発生の目安として利用されています。雨水は1～3mS/m程度、水道水は概ね10～30mS/m程度、河川で5～40mS/m程度、海水は5,000mS/m程度です。

　灌水用水が土壌に入るとECは土壌水分中のイオンの量を表します。植物にとって土壌のECは20～40mS/mの範囲内が生育に適し、80mS/m以上のECの高い土壌では、浸透圧が高くなって養水分の吸収が悪くなり、特定の成分やイオンの拮抗、相互作用による欠乏や過剰が起こります。

　また、灌水用水として井戸水などを用いた場合、水に含まれる硫酸イオン(SO_4^{2-})によって酸性を示すことがあります。芝生造成時に貝や石灰質を含む土や砂を用いたところに、こうした水を長期的に灌水に利用すると、硫酸とカルシウムが化学反応が起こして石膏($CaSO_4$)となり、排水を詰まらせたという事例が起きたことがあります。短期的に芝生に影響が起きなくても水質は長期的に土壌に影響してくる場合があるので、数年に一度土壌分析を行って必要に応じて土壌改良を行うとよいでしょう。

表1 灌水用水の水質

項目	望ましい値
pH	6.5〜7.0
EC	<1.2 dS/m
HCO_3^-	<90 ppm
$Na+$	<160 ppm
Cl^-	<100 ppm
SO_4^{2-}	<200 ppm

表2 芝草の耐塩性の比較

耐塩性	芝草種
極強	日本シバ(コウライシバ、ノシバなど)、バミューダグラス類、セントオーガスチングラス
中程度	ライグラス類(ペレニアルライグラス、イタリアンライグラス)>フェスク類
弱	ブルーグラス類(ケンタッキーブルーグラス>アニュアルブルーグラス)>ベントグラス

芝生の耐塩性

灌水用水には塩分が含まれることもあります。芝生の耐塩性は草種によってさまざまで、非常に弱いものから海水がかかっても生きながらえることができるというものまであります【表2】。日本シバのなかで特にコウライシバやキヌシバは塩類腺という塩を植物体外へ排出する機能をもっており、波打ち際などでも枯れずに生育することができます。現在、他の作物にこの耐塩性機構を利用できないかという研究が進められています。

学校プール水の利用

学校プール水の灌水利用は、塩素投入が規定どおりであれば利用可能ですが、藻類防除のために塩素を多く入れている、防火用水として利用が制限されているなどの場合がありますので確認が必要です。

遊泳用プールの衛生基準は文部科学省によって規定され、水素イオン濃度(pH)はpH5.8〜8.6であること、遊離残留塩素濃度は0.4〜1.0ppmであることなど、いくつかの基準が定められています。プールの水で塩素が0.4ppmというのは、菌を15〜30秒(ウィルスは60秒)で死滅させる濃度です。一方、水道水の蛇口での塩素濃度は、小都市で0.1〜0.5ppm、大都市で0.1〜1.0ppm程度ですので、遊泳可能であればプールの水を芝生に灌水しても問題ありません。

ただし、土壌pHが8.0を超える場合には改良バミューダグラス(ティフウェイ)の生育が抑制されるという報告がありますので、pHの常時高い灌水用水を使い続ける場合には注意が必要になります。

Q.33 排水設備の資材にはどのようなものがあるか。

A. 芝生の表面排水用と暗渠排水用、それぞれに対応した資材がある。

　芝生に降った雨水は、表面を流れて排水されるものと、土壌に浸透（染み込んで）して流れるものとに分かれます。芝生は湿気を好まないので、余分な水は速やかに排水される必要があり、それぞれの排水に対応するための資材があります。

芝生表面排水用資材
　芝生の表面を流れる水を集めるための資材としては、主に次のような資材が使われています。

①U字型側溝
標準タイプ——断面がU字のようになっているコンクリート製の資材で、連結させて広い範囲の雨水を集めることができます。校庭ではよく使われている資材です。

透水タイプ——U字型側溝の側面部が透水できる構造になった資材で、表面排水だけでなく土の中の水も入るため、U字型側溝の周りが水溜まりになりにくくなります。特に、芝生にした場所は雨水が浸透しやすくなるため、その浸透水の排水にも配慮が必要となります【図1】。

側溝用ふた——コンクリート製のものが一般的ですが、グレーチング（金属製の網状のふた）のようにどの場所でも集水できるものもあります。また、運動時の安全性を考慮したゴム製の柔らかな素材のふたもあるので、校庭の利用の仕方により適切な資材を選ぶことができます【写真1】。

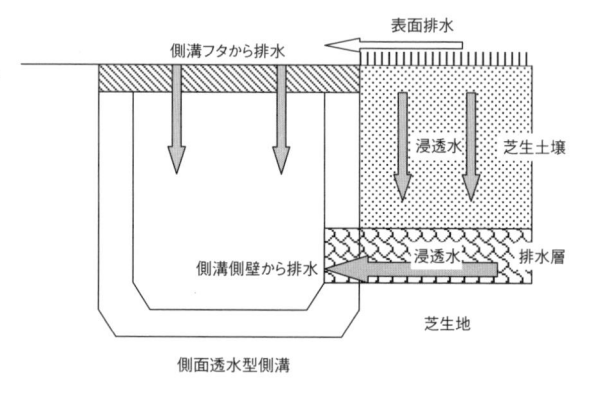

図1　透水タイプのU字型側溝

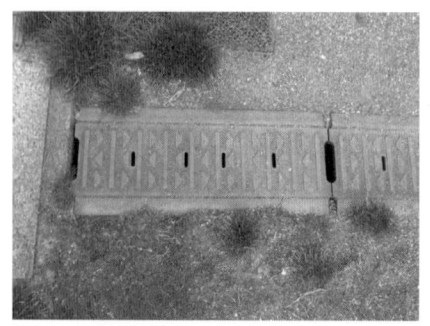

写真1　ゴム製の側溝ふた

②集水桝

標準タイプ——コンクリート製の資材で、周囲の水を集めることができますが、広い範囲の水は集められないので、その場合には数を増やす必要があります。

透水タイプ——U字型側溝と同様に、集水桝の側面部が透水できる構造になった資材で、芝生の浸透水を集めるのに効果的です。

集水桝用ふた——コンクリート製のものが一般的ですが、グレーチングのようにどの場所でも集水できるものもあります。

芝生暗渠排水用資材

芝生の浸透する水を集めるための資材としては、主に次のような資材が使われています。

①暗渠排水管

細かい穴が開いているジャバラ状の配管材がよく使われています。自由に曲げられること、軽いこと、丈夫でつぶれにくいなどの利点が多いのが特徴です。有孔管タイプ（穴があいた塩化ビニール製の配管材）もありますが、割れやすいなどの理由から、最近ではあまり使われていません。

②暗渠排水マット

板状のもの、管状のものなど、多様な種類の資材があります。利点としては、芝生の植栽基盤のすぐ下に設置できるので、土を深く掘らなくても集水が可能なことです。

暗渠排水管の敷設例を【**写真2～5**】に示します。

写真2　ジャバラ状の暗渠排水管

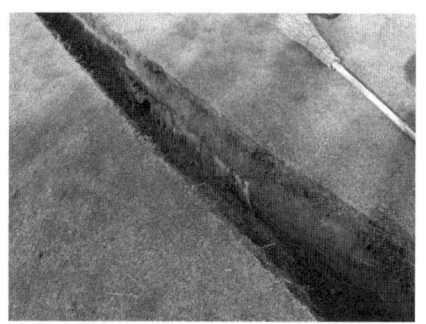

写真3　溝状に穴を掘る

写真4　暗渠排水管を敷く

写真5　暗渠排水管の合流接続部

Q.34 芝生の施工手順を教えて。

A. 仮設工事、撤去や設備類の埋設物工事、芝生植栽基盤工事、芝生植栽工事の順番で行われる。

施工の手順

　芝生化工事の規模や内容により施工の方法や手順は若干異なりますが、基本的に校庭の施工は次の手順となります【図1】。

①準備工事（工事の計画や資材調達などの準備を行う作業）――施工業者が決まっても現場ですぐに工事がはじまるわけではなく、工事内容の確認をしたうえでの施工計画立案、施工体制の決定、工事に必要な資材の手配、学校関係者との工事内容の調整など、ある程度の準備期間を経てから現場の工事がスタートします。

②仮設工事（工事現場の仕切りや仮設の資材を設置する工事）――工事を円滑かつ安全に進めるためには、さまざまな仮設施設が必要です。特に校庭を工事する際は、絶対に児童が現場に立ち入らないよう仮囲い（フェンス）を設置し、工事車両の出入り口にも安全対策を施すなど、安全面を最優先に考えて仮設施設を設置しなければなりません。

③施設撤去工事（撤去した施設や土などを外に運び出す工事）――芝生にする場所に障害物（例えば遊具や舗装など）がある場合には、それらの撤去を行う工事が行われます。また、芝生植栽基盤を入れ替える場合には、掘り取って余った土を外に運び出す工事も行われます。大型の機械やダンプカーなどが出入りするため、出入り口の安全確保、振動や騒音を出さない工夫、警察や近隣への届出などの配慮が必要です。

④設備工事（給水、排水、電気などの施設をつくる工事）――芝生に関連する設備のなかで、埋設物（地中に埋めるもの）を先に施工します。具体的には、雨水の排水や散水施設用の配管が主体で、電気を必要とする設備がある場合には電線管の埋設も行われます。

⑤芝生植栽基盤工事（芝生の植栽基盤をつくる工事）――埋設物の工事の後には、芝生の土壌をつくるための工事が行われます。土壌の構造により施工方法は異なりますが、現状土を改良する場合には土壌改良に必要な資材を土の上に置き、耕運機で混ぜ合わせて平らにならします。現状土を利用する場合は、一度土をすき取り、暗渠排水または排水層を設置した後に現状土を戻し、土壌改良に必要な資材を土の上に置き、耕運機で混ぜ合わせて平らにならします。別の場所で現状土の土壌改良を行

表1　植栽方法ごとの施工方法

植栽方法	施工方法	用いられる芝草
張り芝	ソッド（切り取った芝生）を敷きつめ、目地（ソッドの隙間）に目砂を充填し、必要に応じて肥料を撒く	夏シバ
撒き芝	芝草をほぐして切断した苗を撒いて植栽する方法で、苗を撒いたあとに目砂をかけ、必要に応じて肥料を撒く。専用の機械（苗植機）を使って植栽することもできる	夏シバのなかでも、生長の速いバミューダグラス系
播種	草の種を撒いて植栽する方法で、種を撒いた後に目砂をかけ、必要に応じて肥料を撒く。専用の機械（種子吹きつけ機）を使って植栽することもできる	冬シバ系の芝草

い、その土壌を運び込んで敷きならす方法もあります。

⑥芝生植栽工事（芝生材料を植栽する工事）――芝生植栽基盤の工事の次に芝生材料の植栽が行われます。植栽方法ごとの施工方法を【表1】に示します。いずれの方法でも、植栽後には十分に散水します。

⑦付帯施設工事（その他関連施設をつくる工事）――芝生化に関わる付帯施設で、次のような工事を行う場合があります。

・遊具の移設（芝生化に伴って移設が必要となる場合）
・通路の舗装（芝生化に伴って通路が必要となる場合）
・運動場の舗装（芝生との擦り付けで生じる主にダスト舗装）
・散水用の制御盤（自動散水とした場合）
・倉庫（芝生管理用の機械や資材などを保管する倉庫）

⑧芝生初期養生管理――芝生の植栽後、芝生がある程度育つまでの間、施工業者により初期養生管理が行われることがあります。まだ十分に育っていない芝生を管理するのは難しいため、初期養生管理は施工業者に行ってもらうほうが安心です。

⑨芝生の引き渡し――工事の検査が終わると、でき上がった芝生は学校に引き渡され、以降は学校側で芝生の維持管理を行うことになります。植栽後間もない状態で引き渡された場合は、しばらくの間は毎日灌水する必要があります。芝生がある程度育った状態で引き渡されるよう、⑧の芝生初期養生管理は工事に含めておくといいでしょう。

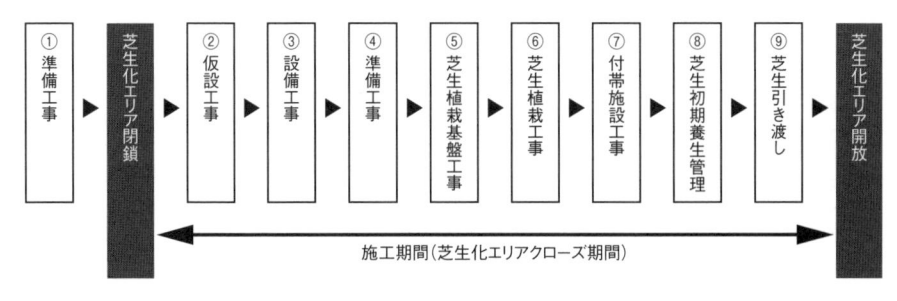

①準備工事 ▶ 芝生化エリア閉鎖 ▶ ②仮設工事 ▶ ③設備工事 ▶ ④準備工事 ▶ ⑤芝生植栽基盤工事 ▶ ⑥芝生植栽工事 ▶ ⑦付帯施設工事 ▶ ⑧芝生初期養生管理 ▶ ⑨芝生引き渡し ▶ 芝生化エリア開放

施工期間（芝生化エリアクローズ期間）

図1　施工の流れ

Q.35 工事時期はどのように決めたらよいか。

A. 使用する芝草の生育特性を見極め、できる限り早く芝生が利用できるよう効果的な工事時期を設定する。

　「芝草」は生き物なので、その植栽時期の違いにより、利用開始時期がかなり変わってきます。特に学校では、工事により校庭が使えない期間をできる限り短くするために、植栽時期から工事規模による必要期間を逆算して着工時期を設定します。

工事の種類
　校庭芝生化に必要な工事を【表1】に示します。

必要となる工事期間
　【表1】に示した工事すべてが必要な大規模工事では、工事期間が3ヵ月以上かかります。【表1】の工事のうち、②～④および⑦が少ない中規模工事であれば期間は短くなりますが、それでも2ヵ月程度かかります。【表1】の工事のうち、③～⑤だけで済む小規模な工事でしたら、1ヵ月程度でも可能になります。

適切な植栽時期
　校庭を利用できない期間を短くするためには、生育が旺盛なときに植栽するのが効果的です。夏シバ(暖地型芝草)、冬シバ(寒地型芝草)の適切な植栽時期を【表2】に示します。この時期を逃すと、表の解説内容よりも長い養生期間が必要となってしまいます。

表1　校庭芝生化のための工事

①仮設工事	安全に工事できるように仮囲いや仮設通路などをつくる
②造成工事	削った土の運び出しや雨水排水のための施設づくりを行う
③設備工事	芝生灌水用のスプリンクラーや配管、給水装置などをつくる
④基盤工事	芝生用の土壌をつくる(土壌改良)
⑤植栽工事	芝生材料の植栽を行う(張り芝・撒き芝・播種など)
⑥芝生養生	工事引き渡しまでの間に芝生の維持管理を行う
⑦付帯工事	芝生以外の舗装や管理倉庫、そのほかの必要施設をつくる

芝生化工事の着工時期

養生を短くしたい場合を想定し、【表2】の芝生植栽時期から、工事規模別に必要工事期間で逆算した工事着工時期の目安を【表3】に示します。芝生を植栽するまでに必要な工種(仮設工事から基盤工事まで)の工程が短縮できる場合には、その分着工時期を後にすることもできます。

芝生化工事時期設定時の問題点

①工事発注時期が遅くなる場合が多い

大規模な工事になる場合は、できる限り年度早期に工事発注するのが望ましいのですが、近年の事例では早くても6月から7月頃となるケースが多くなっています。これは、自治体の工事発注体制によるものと考えられますが、何らかの方法で早期発注に向けての改善がなされることが望まれます。

②夏休みだけの工事となる場合が多い

中規模な工事の場合でも、夏休み前の工事発注が望ましいのですが、夏休みに入ってからの着工となるケースも多く見受けられます。これは、学校側の要望によるところも大きいと考えられますが、芝生を早く利用するためには、プール授業のはじまる6月頃から校庭の工事ができるよう、理解が得られることが望まれます。

表2　芝草の植栽時期

芝種	主体となる植栽方法	効果的な時期	解説
夏シバ	張り芝または撒き芝	張り芝:7月頃 撒き芝:6月頃	この時期に植栽すれば2〜3ヵ月の養生期間で済み、9月または10月頃には利用をはじめることも可能。3月〜4月頃にも植栽できる時期はあるが、養生期間が長く必要となり、利用開始時期が6月〜7月に植栽した場合と大差ないのであまり得策とはいえない
冬シバ	播種(種播き)	9月頃	この時期に植栽すれば2ヵ月程度の養生期間で済み、11月頃には利用をはじめることも可能。4月頃にも植栽できる時期はあるが、養生明けに生育が減退する夏を迎えることになるのであまり得策とはいえない

表3　工事着工時期の目安(関東地方での参考時期)

芝種	工事規模	着工時期目安	芝生植栽時期目安
夏シバ	大規模(3ヵ月以上)	3月〜4月	6月〜7月
夏シバ	中規模(2ヵ月程度)	4月〜5月	〃
夏シバ	小規模(1ヵ月程度)	5月〜6月	〃
冬シバ	大規模(3ヵ月以上)	6月頃	9月頃
冬シバ	中規模(2ヵ月程度)	7月頃	〃
冬シバ	小規模(1ヵ月程度)	8月頃	〃

Q.36 夏休みだけで校庭を芝生化できるか。

A. 可能な場合もあるが、秋からの利用が目標ならば、
遅くとも夏休みの前期には芝生を植栽しないと利用が難しくなる。

　夏休みは地域によって異なりますが、7月中・下旬から8月末までの期間が一般的です。概ね40日間という期間での芝生化は、可能なケースもありますが、問題点(リスク)もあります。夏場は冬シバ(寒地型芝草)の植栽には適さないことから、夏休み中の芝生化は夏シバ(暖地型芝草)の使用に限られますので、夏シバの生育特性を十分に理解し、芝生の使いはじめまでに必要となる養生期間の確保、その間の校庭利用面での支障の有無などの問題点について、学校関係者の理解を得たうえで、夏休み期間だけでの工事に踏み切るかを判断する必要があります。

起こり得る問題点
　夏シバの植栽後から利用をはじめるまでには、夏場でも最低2ヵ月以上の養生期間が必要とされています。植栽が夏休みの最後(8月下旬頃)になってしまった場合には養生期間が秋からとなり、利用に耐える状態まで成長する前に冬(休眠期)を迎えることになるため、秋から利用をはじめてしまうと、まだ若い芝生に大きなダメージが残り、翌年春からの生長開始時にも悪影響が出ることになります。
　また、校庭の場合、芝草の生育に適した土が最初から整っているケースはほとんどないため、何らかの土壌改良を施してから芝草の植栽を行うことになります。土壌改良の方法は芝生化する場所の条件によって異なりますが、排水を良くしたり灌水設備を設置する場合には、最低1ヵ月以上の工事期間が必要になることから、芝草の植栽時期は夏休みの最後になってしまいます。

可能なケース(考えられる条件)
　夏休み期間での芝生化が可能なケースとして2つの条件が考えられます。まず、秋から養生をはじめると、翌年春からの成長期も養生期間に加えなければ普通に使える状態の芝生にはなりませんので、芝生の利用開始は翌年の春以降でもよいという場合です。次に、夏休みの早い前期に芝生の植栽を終わらせるためには、排水施設や灌水設備、土壌改良に関わる工事を短時間に終わらせる必要があるので、

排水施設を多く必要としない、スプリンクラーを含めた灌水設備が整っている、現状の土を改良する程度で済む、芝生化面積が小さいなどの条件に当てはまる場合に限り、夏休み期間での芝生化が可能となります。

芝生化工事時期を判断するうえでの留意点

①芝草の植栽時期はできる限り早く

夏シバは、地域によって異なりますが秋の後半(概ね10月中旬頃〜11月中旬頃)には生育が弱まり、翌年の春(概ね3月下旬頃〜4月下旬頃)に生育がはじまるまでの間は休眠期に入ります。秋から芝生を利用する場合は、まだ回復する力が残っている時期(概ね9月上旬〜下旬頃)に利用を開始する方が有利です。その場合、芝生を植栽する時期は、夏場で2ヵ月以上の養生期間を要することから、概ね6月上旬頃〜7月上旬頃の間が適期となります。よって、芝草の植栽は、夏休み期間よりも前に行う方が、秋から利用を開始することができ、あわせて校庭が使えない時期を短くできることから有利になると考えられます【図1】。

②芝生の土壌づくりを十分に

どんなに強い芝草を植えても、生育に適した土壌づくりが伴わなければ利用に耐える芝生にはなりません。特に、排水の悪い土壌では芝草が健全に育たないため、土壌改良は十分に施しておくことが大切です。ですから、夏休みだけで芝生化を行う場合は、土壌改良を多く必要としないケースに限られる、と考えておいたほうがよいでしょう。プール授業により校庭利用が少なくなる初夏(6月中旬〜7月中旬)を活用して、芝草の植栽をできる限り早くするような工夫も有効です。

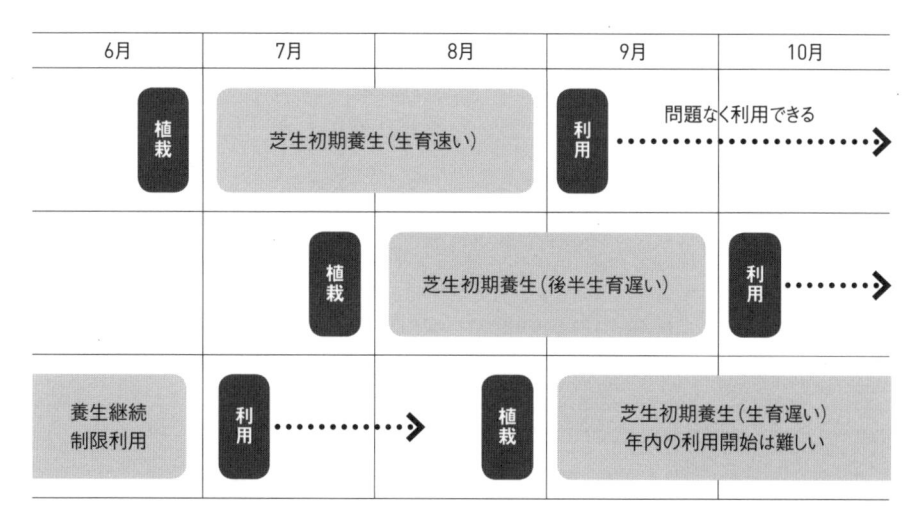

図1 芝生植栽時期と利用開始時期の違い

Q.37 屋上を芝生化できるか。

A. 可能。ただし、地上にはない制約があるため必ず専門家に相談する。

荷重の制約

屋上に載せることができる重さ(積載荷重)は建築基準法(建築基準法施工令第85条)で建物の種類ごとに決まっており、学校は事務所と同じ数値で設計されています。床板が300kg/㎡、大梁・柱・基礎が180kg/㎡で、地震力荷重が130kg/㎡です。例えば100㎡の屋上では、100㎡×130kg/㎡ = 13,000kgが全体の積載荷重になります。ただし古い建物では異なる場合があるので、必ず建築の専門家に確認してください。なお、芝生は樹木と異なり生長による重量増加を見込む必要はなく、積載荷重まで土壌基盤に使用することができます。

土壌の選択

地上で芝生化する場合、芝草用の土壌としては20cm程度の厚みが必要とされています。地上で使用する砂や黒土の自然土壌の比重は1.6〜1.8程度なので、20cmの厚さでは320〜360kg/㎡になってしまい、屋上では使用できません。自然土壌に代わる軽い人工軽量土壌には、火山砂利系とパーライト系の2種類があります。火山砂利系の人工軽量土壌は比重0.8程度で、パーライト系の人工軽量土壌はさらに軽く比重0.6程度です。ただし、パーライト系は耐踏圧性が小さいので踏んだり乗ったりして使用する芝生には不向きであり、耐踏圧性が大きい火山砂利系が適しています。

土壌の標準的な断面構造例【図1】を参考に、屋上の積載荷重を確認した上で使用

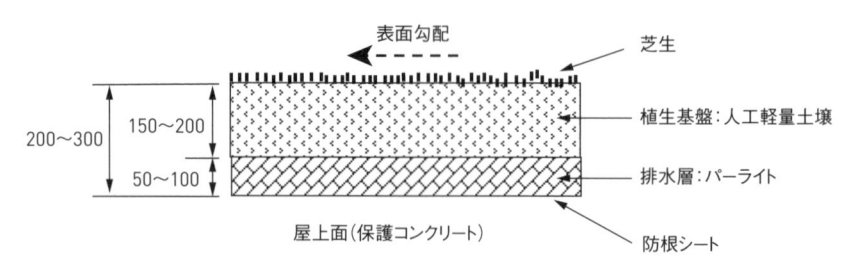

図1 人工軽量土壌の標準断面構造図(単位:mm)

する土壌の種類と厚さを決めてください。

防水層と排水の注意

　屋上には建物内に雨水が入らないようにするための防水層があり、傷まないようにいろいろな方法で保護されています。一般的に、屋上を利用する人の出入りを考えてコンクリートで保護されているなら芝生の設置は可能ですが、それ以外のアスファルト露出防水などの場合は芝生の設置は困難です。防水は建物にとって非常に重要な機能なので、建築の専門家に相談して、防水層へ影響のない方法を確認してください。

　また、屋上は雨水を排水するために傾斜しており、端にある排水溝に雨水を集めて排水孔から排水します。屋上の広さや形状により、排水孔は複数設置されている場合が多くあります。それぞれの排水孔が受け持っている集水範囲を理解して、雨水の流れを止めることなく、排水溝に集めることができるように芝生を配置しなければなりません。

灌水方法の選択

　灌水方法は、雨水のように地上から散水ホースやスプリンクラーで行う方法と地中に点滴パイプを埋設して行う方法があります。荷重条件により土壌厚さが薄くなる場合は点滴パイプの埋設深さも浅くなり、地上部と同様の間隔で点滴パイプを設置すると灌水ムラが発生しやすく芝生の生育に影響を与えます【写真1】。

　屋上緑化では、地上から行う方が灌水管理のリスクが少なくなります。

道具の飛散防止

　芝生を管理する道具を屋上に置く場合は、道具が飛散しないようにペントハウス（塔屋）内や屋上に固定した収納庫に納めます。特に高層ビルの下の低層棟の屋上など風荷重が大きな場所に計画するときは、専門家に相談して風荷重を確認してから計画を進めてください。

写真1　地中灌水の失敗例。水分ムラによる芝生の育成不良が発生

参考文献　（財）都市緑化機構 特殊緑化共同研究会編著『新版 知っておきたい屋上緑化のQ&A』（鹿島出版会、2012年）

5章

芝生の維持管理

Q.38 芝生の管理とは何を行うのか。地域で異なるのか。

A. 管理作業項目は同じだが、シバの種類や地域により作業時期、作業回数が異なる。

芝生の管理作業

芝生の主な管理作業を【表1】に示します。

表1　芝生の主な管理作業

①芝刈り(手動芝刈り機、自動芝刈り機、乗用芝刈り機などで実施)
②散水(芝種、地域、使用頻度により散水方法や散水量が異なる)
③施肥
④更新作業(WOS、目砂作業、補修、養生などを含む)
⑤除草・異物除去
⑥点検(生育状況、損傷状況、安全管理など)

管理作業時期

　植栽を芝種で分類すると、①冬シバ(寒地型芝草)だけ、②夏シバ(暖地型芝草)だけ、③冬シバと夏シバの組み合わせの3つになります。冬シバと夏シバの気温による大きな特徴を【表2】に示します。これらの特徴により、冬シバ、夏シバだけの植栽地では芝刈りや草刈り、施肥や補修などの作業時期が異なってきます。③の冬シバと夏シバの組み合わせの場合は、特徴を両有するとともにウィンターオーバーシーディング(WOS)やトランジション*1などの作業もあり、より管理作業内容が増えて技術も必要となります。【図1】に、例として八王子市での冬シバと夏シバの生長パターンを示します。

表3　工事着工時期の目安

芝種	大きな特徴
冬シバ(寒地型芝草)	・10〜25℃の間で生育する ・25℃以上で生育が止まる ・10℃で生育が落ちる
夏シバ(暖地型芝草)	・12℃以下で休眠する ・20℃以上で生育旺盛 ・25℃以上で生育が最も良い

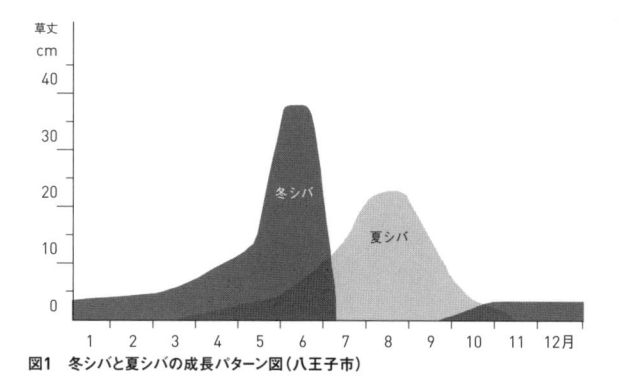

図1　冬シバと夏シバの成長パターン図（八王子市）

　このように、管理作業時期はそれぞれの芝種と気温によって大きく影響を受けますので、その地域の年間平均気温の把握と芝種の気温特性を理解して年間管理計画を立案することが大切です。なお、地域による芝草の選定方法は**Q.25**を参照してください。

管理作業量

　管理作業量も地域により異なってきます。生育期が長い地域では芝刈りの回数が多くなります。降水量の少ない地域や温暖地では、散水の回数も増えます。施肥は芝草の生育期に合わせますので、その期間の長短で作業量も違ってきます。なお、施肥は休眠期には行わず、生育の遅い時期には施肥量を少なく調整します。

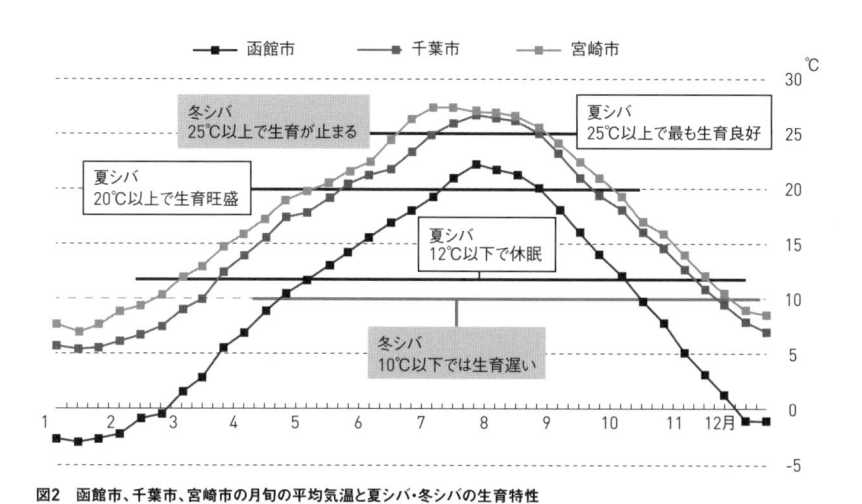

図2　函館市、千葉市、宮崎市の月旬の平均気温と夏シバ・冬シバの生育特性

注　＊1　トランジション……ウィンターオーバーシーディング（WOS）を行って冬シバになった芝生表面を、春季に夏シバに戻す作業のこと

Q.39 芝刈りのやり方を教えて。

A. 芝刈りの回数は生育期で週1回程度、
刈り高は芝生によって異なるが20〜35mm程度がよい。

芝刈りの回数
　芝生は、生育期には生育が旺盛で再生能力が高いため、頻繁な刈り込みにも耐え、密で丈夫なターフを形成します。夏シバ(暖地型芝草)の場合、生育期(夏季)には週1回程度の芝刈りを計画に組み込みます。春と秋は生育が緩やかなため、10〜15日に1回でよいでしょう。冬季は、ほとんど生育しないので芝刈りする必要はないのですが、芝カスが風で舞ったり、降雨で流れたものが固まったりすることがあります。そのような場合は、清掃目的でロータリー式芝刈り機の刈り高を高めに設定して芝カスを吸い取ります。冬シバ(寒地型芝草)の場合、秋と春は生育が旺盛なため7〜10日に1回の刈り込みを計画するとよいでしょう。極寒期はほとんど生育しないので芝刈りは必要ありません。なお、芝刈りの年間の計画回数は、**Q.71**を参照してください。
　また、**Q.65**にあるような管理記録をつくり、前年度の管理回数を参考に、「もう少し多く刈らないと芝カスがたくさん出て大変だった」など、実績や学校のイベントに合わせた芝刈り回数を計画するとよいでしょう。

芝刈りの高さ
　芝生の適正刈り高は、芝生の種類によって違いますが、概ね20〜35mm程度を目安に刈り込みます。また、芝生を刈るときの注意事項として、芝生全体の高さの1/3以上を一度に刈り込まないというルールがあります。1/3以上を一度に刈り込むと、葉ではなく茎(軸刈り)を刈ってしまい、見た目に白っぽくなってその後の生育に影響を及ぼします【図1、写真1、2】。例えば、30mmで芝刈りをする場合は45mm以上伸びる前に芝刈りを行います。生育期に刈り高を低く設定すると、刈り込み頻度も増すことになります。
　芝刈り機によっては刈る高さの位置が設定されていて、思いどおりに高さを設定できないものがあるので注意が必要です。自走式やハンドモアなどでは、若干設定高さが違うこともありますが5mm程度の差は問題ありません。校庭緑化におけ

る最適な刈り高の例を【表1】に示します。夏季は短めに、冬季は長めに管理するとよいでしょう。また、ノシバなどでウィンターオーバーシードを行わないときは、春の芽出しの時期に少し低く芝刈りを行うとグリーンアップが早くなります。

注意すべきこと

芝刈りの際の注意事項として、【表2】に記します。その他の安全管理についてはQ.65を参照してください。

写真1　芝刈り機にシールを貼って刈り高を調整

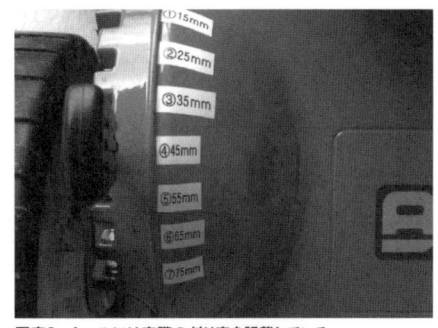

写真2　シールには実際の刈り高を記載している

写真3　軸刈りをしてしまったシバ

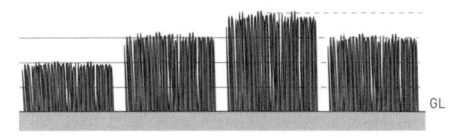

図1　芝刈りをする目安

表1　校庭緑化で最適な刈り高の例

芝種	刈り高(mm)
ティフトン	18〜25
コウライシバ	20〜30
ノシバ	25〜40
冬シバ	25〜35

表2　注意すべき点

- 半ズボン、サンダル履きは避ける
- 作業前に、芝生地の小石や枝などを拾い、飛び石による事故や機械の破損を防止する
- 燃料の給油は作業前に、芝生地の外で行う。エンジンが熱い時に給油するとこぼした際に火災の元となる
- 刈り高は、左右または四輪などが同じ設定になっているか確認する
- 作業中はエンジン付きの芝刈り機の周辺に立ち入らないようエリアを分ける

【芝刈りのやり方】

Q.40 刈った芝草はどのように処理するか。再利用はできるか。

A. 可燃ごみとして処理するが、堆肥にしての利用も可能。

　一般的には自治体の決められた方法で可燃ごみとして処理しますが、堆肥にしての再利用もできます。

堆肥にして再利用
　堆肥は微生物を利用してつくるのですが、水分管理と温度管理が重要であり、堆肥づくりは知識のある指導者により進めることが望まれます。腐敗*1になると匂いや後の処分も厄介で、周辺からの苦情にもなります。

　堆肥は、微生物分解における発酵*2という働きによりつくられます。微生物は刈りカスや土壌にもいますが、シバで堆肥化されたものを補助として使用すると、芝生に適した微生物が多くいるためにスムーズに堆肥化が進みます。シバの刈りカスを分解する微生物が繁殖しやすい条件には物理的条件と化学的条件があるので、環境を整えて堆肥づくりをすることが必要です。微生物は1種類でなくさまざまな集まりで均衡し、時間と条件により変化しながら堆肥になっていきます。

　芝種では夏シバ(暖地型芝草)は比較的楽に管理できますが、冬シバ(寒地型芝草)は水分保有が多いため堆肥化は困難です。

堆肥作りの方法例
① 【図1】のように地面からの水分の影響を受けない場所(コンクリート、アスファルト)に刈りカスを1㎡以上積む。地面は水が流れるくらいの傾斜地がよい。水分の影響を受けない場所がないときはビニールシートを敷いて実施する。
② 刈りカスは1～2日乾燥させたものを約30cm積み、ジョウロで上から散水する。このあと堆肥を散布する。これを繰り返し1.5mぐらいの高さに積む。
③ 紫外線カット仕様の厚いビニールシートで覆う。シートは風に飛ばされないように押さえる。
④ 柄の長い温度計を挿して温度を観察する。温度は外気温、湿度も記録しておくとよい。

⑤当初、温度は上昇して60℃以上になり、約1ヵ月で温度が下りはじめる。温度が下がりはじめたらシートを外し刈りカスを攪拌する。攪拌した後、再度シートをかぶせ養生する。
⑥温度を再び観察し、温度が下がりはじめたら、⑤を繰り返し実施する。
⑦同様に観察し、温度が下がってきたらシートを開ける。白い糸状の菌があり、刈りカスがこげ茶色になれば堆肥の完成。

堆肥の利用方法

学校の菜園や花壇などに利用できます。もちろん芝生地にも利用できます。軽くて細かくなっているので、目砂などと混ぜて使用すると施工しやすくなります。堆肥に含まれる有効な細菌は、サッチ（シバの刈りカスなどの堆積物）の分解を助ける働きもあります。

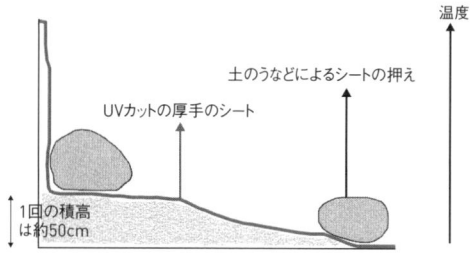

図1 堆肥置き場の断面図

図2 堆肥の発酵過程の温度変化

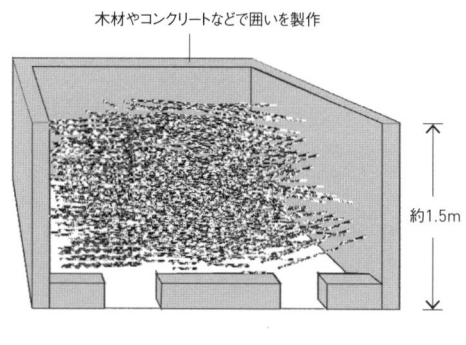

図1 堆肥置き場に刈り草を積む（次回はこの上に積む）

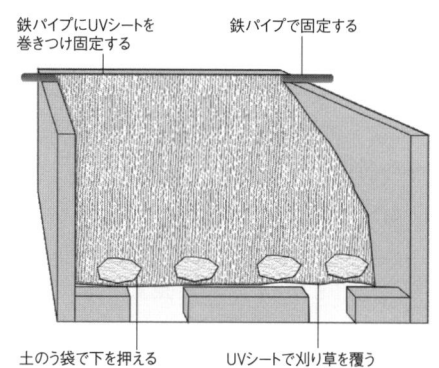

図2 UVシートなどで刈り草を覆う

注　*1 腐敗……温度管理や水分管理、攪拌を怠って嫌気状態での分解により生成された悪臭物質／*2 発酵……有機物の腐熱が促進されて、付着微生物が生命維持のために有機物をエネルギー源として分解し、炭水化物、脂肪および糖やたんぱく質などを主に代謝する行程のこと

Q.41 散水方法を教えて。

A. 校庭芝生のように一定の面積を有する場合は
スプリンクラーを使用する。

散水の目的

　スプリンクラー散水には固定式と移動式のものがあり、用途や散水面積に応じて使い分けます。散水の主な目的は、芝草の生長に必要な水分を供給することです。芝草の品種にもよりますが、乾燥状態が続くと葉がしおれ、最悪の場合は枯死に至るケースもあります。適切な散水を継続することは、芝草を正常に生育させるための芝生管理のなかでも重要な作業の1つとなります。
　散水には芝草の生長を維持する以外にも、ウインターオーバーシーディング後の発芽～初期生育管理や高温時に芝草の体温を下げるためのシリンジング*1などがあります。

散水のコツ

　散水で最も重要なのは、芝生地に均一に散水を行うことです。場所によって散水量が違うと芝草の生育に影響が出てきます。私たちが生活している日本では自然の降雨に恵まれ、年間1,500～2,200mm程度（世界平均1,000mm程度）の降水量があります。しかし、まとまった降雨は梅雨期や台風期に集中することが多く、芝草の生育適期には乾燥が続く期間もあるため、適宜散水を行い、生育を維持する必要があります。
　芝草が必要とする散水の時期と量は、芝草の状態と土壌の乾湿を観察したうえで決定しますが、足跡が長く残る、葉が巻いている、芝面が紫色した不規則な模様になるなどの症状が見られたら灌水を行う必要があります。ただし、これは慣れないうちは判断しづらい問題なので事前に専門家に相談するとよいでしょう。
　まったく降雨がない環境が続いている場合は、3～4日に1回散水することが基本です。極度の乾燥や温度上昇があった場合は芝草の緑度が低下して葉がしおれてくるなどの変化が現れてきますので、直ちに散水を行い対処してください。このタイミングで散水を行わないと回復が遅れ、最悪の場合は枯死に至るケースもあります。

散水時刻と散水量

　散水を開始する時間は明け方が最も好ましいと考えられています。これは、夜間は芝草の水吸収が少なく、病害発生の誘因になりやすいことと、日中は蒸れの原因になりかねないためです。校庭では教職員の出勤や利用開始時間の問題もあるため、タイマーによる散水設備が整っていると散水作業の負担軽減になります。

　散水量は、芝草の品種や生育状況、天候、土壌条件で異なります。芝草の生育適期【→Q.12】における1日の消費水量（蒸散量＋蒸発量）は、ベントグラス（寒地型芝草）で4～6ℓ/㎡、コウライシバ（暖地型芝草）で3～5ℓ/㎡程度ですが、実際の散水量の判断は、芝生の生育状況や天候、土壌水分を確認して判断することが大切です。

水不足などへの対応

　夏季に節水制限などの水不足が起こった場合は、ある程度芝生が枯れるのも仕方がありません。夏シバ（暖地型芝草）はもともと水不足に強く、乾燥が続く場合には休眠して表面が枯れたような状態になりますが、地下部が生き残っているなら水を与えれば回復します。冬シバ（寒地型芝草）の場合には、秋季に播種を行うことで回復を図ります。

写真1　手撒き散水

写真2　機械撒き散水

注　＊1 シリンジング……芝生表面に少量の水を噴霧、散水すること。芝生表面の水分蒸発時に奪われる気化熱により熱くなっている芝生を冷やす、葉のしおれを防ぐ、朝露や霜、芝生表面から滲み出る水分を除去するなどの目的で行う。これにより芝生表面の温度が3～6℃下がる

参考文献　　（財）関西グリーン研究所発行『新版 ゴルフコース管理必携』（2009年）／A・J・タージョン『ターフグラスマネジメント 8thエディション』（ゴルフダイジェスト社、2009年）／眞木芳助『芝草管理用語事典』（一季出版、1997年）

Q.42 肥料のやり方を教えて。

A. 施用量を計算して作業の基本を守れば施肥作業は難しくない。

芝生に必要な肥料成分量

施肥は、刈り込みや使用による損傷からの回復に必要な管理作業です。植物によって肥料の要求量や成分は違いますが、芝生の生育で多く必要とされる成分は窒素で、これは芝種によっても異なります【表1】。生育環境（特に土壌）により必要な成分量も違ってきますが、通常、生育期の1ヵ月で窒素（N）：リン酸（P）：カリ（K）が3〜4：1：2g/㎡とされています。

肥料の基礎知識

肥料には化成肥料（粒状、液状）と有機質肥料があり、成分の表示が義務づけられていて、「窒素○○％、リン酸○○％、カリ○○％、その他に苦土○○％、マグネシウム（Mg）○○％」などと製品に記載されています【写真1】。

粒状化成肥料では、通常製品にはN：P：Kが数字で表記されています。例えばN-8：P-8：K-8やN-10：P-10：K-10などですが、これはそれぞれの有効成分をパーセントで表したもので、N：P：Kの数字の和が30以上のものを高度化成肥料、30以下のものを普通化成肥料と称しています。

化成肥料の成分は20日ぐらいで効力がなくなりますが、ゆっくり溶け出す肥料（緩効性肥料）も出てきています。

肥料の散布量の算出

肥料の量で注意するのは成分重量と製品重量の区別です。通常、計画するときは有効成分重量で計算しますが、管理作業を簡便にするため、現場では計画表に製品重量で記入されるケースが多く、間違わぬように確認する必要があります。

散布量は、最も多く必要とする窒素を基準として算出します。例を示します。

1㎡/1ヵ月に窒素の有効成分重量として3g使用したい場合、N：P：Kが8-8-8の表示のものでは3g÷0.08＝37.5g（製品重量）となり、N：P：Kが10-10-10の表示のものでは3g÷0.1＝30g（製品重量）となります。つまり、N：P：Kが8-8-8の表示された製品では37.5g/㎡が1回の施肥量となるので、これに芝生面積を掛けると必要肥

料の製品重量が出ます。

　芝生の生育月が4〜10月までの地域で月に1回の施肥をした場合、37.5g×面積×7ヵ月＝年間で必要な肥料の製品重量、となります。ただし、月によっては、生育温度の関係で生育が悪いと予想される月があります。また、生育旺盛の月や損傷を受けたときなどには、施肥の回数を増やすこともあります。

施肥作業

　大面積の場合は肥料散布機が便利ですが、肥料により粒の大きさや重さが異なり、当然肥料の落下量も違いますので、肥料ごとに散布幅などを調整することが必要です。散布ムラをなくすには、肥料散布機の散布幅を理解して、目印をつけて散布するとよいでしょう。

　散布後は散水し、肥料成分の吸収を高め、肥料焼けを防ぎます。散布機は使用後必ず水洗いして肥料分を落とします。

表1　芝種別窒素要求量

窒素要求量 (g/㎡/月)	草種	
	冬シバ（寒地型芝草）	夏シバ（暖地型芝草）
2.5〜7.5	クリーピングベントグラス	バミューダグラス
	ケンタッキーブルーグラス	
2〜5	ペレニアルライグラス	日本シバ
	トールフェスク	
1〜3	クリーピングレッドフェスク	ー
	レッドフェスク	
0.0〜1.8	ベルベットベントグラス	センチピードグラス

写真1　肥料の表示例（袋に表記されている）

```
指 定 配 合 肥 料
生 産 業 者 保 証 書
```

肥料の名称　　園芸有機入り特888号
保証成分量(%)　窒素全量　　8.0
　　　　　　　内アンモニア性窒素7.0
　　　　　　　リン酸全量　　8.0
　　　　　　　内可溶性リン酸　7.7
　　　　　　　内水溶性リン酸　5.5
　　　　　　　カリ全量　　　8.0
　　　　　　　内水溶性カリ　8.0
正味重量　　　5キログラム
生産した年月　枠外に記載

生産業者の氏名又は名称及び住所
　　○○工業株式会社
　　東京都　　区　　丁目　番　号

生産した事業場の名称及び所在地
　　○○工業株式会社　関東工場
　　埼玉県　群　町大字　番地

写真2　肥料袋の表示例

写真3　散布機を利用して肥料を散布

Q.43 目砂(目土)作業のやり方を教えて。

A. 均一に砂を散布することがポイントとなる。

目的と効果
　目砂(目土)は芝生を維持していくうえで非常に重要な作業の1つです。この目砂を行うことで、下記のような効果が期待できます。
①ターフ表面の小さな不陸(凸凹)を修正し、表面を均一な状態に仕上げる。
②ターフへの水や養分の浸透を向上させ、健全なターフの維持を図る。
③サッチ(有機残渣)を希釈し、分解を促進する。
④ほふく茎や直立茎を保護し、芝生の生育を促す。
⑤コアリングを事前に実施しておくことで、古い根群域を回収し、新たな生育環境を整える。
⑥ウインターオーバーシードを行った際に、種子を目砂で保護することで発芽～初期生育を助ける。

使用する資材と問題点
　目砂散布を行う際は、できるだけ床土の性質に近い資材を選定します。床土と異なる性質の砂(土)を長い年月散布し続けると、土壌断面に異質の層が形成されてしまいます。この異質の層が発生すると、根の生育に悪い影響を及ぼすだけではなく、透水不良の原因にもつながるため注意が必要です。

作業方法
　狭い範囲で目砂を行うのであれば、手やスコップを使用して散布することも可能ですが、その際は、砂(土)を一気に同じ箇所に落とさず、できるだけ均一に撒くよう丁寧に作業を行います。この作業を簡便にするため、手押し式の目砂散布機もあります。
　ある程度広い面積になってくると、作業負担が大きくなるため、専門業者へ委託するのが一般的です。専門業者はエンジン式の目砂散布機といった特殊機械を使用して散布作業を行います。この機械を使用することで、均一に砂を散布することが可能となります。

作業における注意点

目砂散布作業は少量多回数が理想です。しかし、学校校庭は作業時間を確保することが困難なため、限られた回数を適切な時期に行うようにします。目砂は芝生を維持管理するうえで非常に重要な作業である反面、芝生に多大なストレスを与える危険性もあるので、以下の点に注意して作業します。

①一度に多量の目砂散布は避ける

一度に多量の目砂を施すと、葉が土中に隠れてしまい光合成を阻害する可能性があります。目安としては厚さ1～3mm（砂として1㎡当り1～3ℓ）程度が理想です。芝種にもよりますが、学校校庭の場合は年2回程度実施できるとよいでしょう。

②高温期の目砂散布は十分注意する

夏場の高温時の目砂散布は、温度上昇に伴い、砂（土）が熱くなって葉が焼けるなどの危険があります。目砂散布後は直ちにマット引き作業やブラシなどで砂を散らすなどをして、地際部に砂を擦り込みます。マット引き作業後にシリンジング（散水）を行い、地上部の温度上昇を抑えることも有用です。

写真1　手押し式目砂散布機

写真2　乗用式目砂散布機

写真3　目砂の手散布作業

写真4　目砂の手散布道具

参考文献　　（財）関西グリーン研究所発行『新版 ゴルフコース管理必携』(2009年)／A・J・タージョン『ターフグラスマネジメント 8thエディション』(ゴルフダイジェスト社、2009年)

Q.44 芝生の更新作業はどうすればよいか。

A. 土を劣化させないように土壌の排水、通気、有機物を管理する。

長い期間芝生を維持するためには、利用に応じた草種・品種を選択すること、土壌の透水性・通気性・土壌硬度・土壌表面に蓄積する有機物を適正に保つことが必要です。芝生の育つ土壌は畑のように土を耕すことができないので、耕す代わりに更新作業(穴あけなど)や目土作業が行われます。

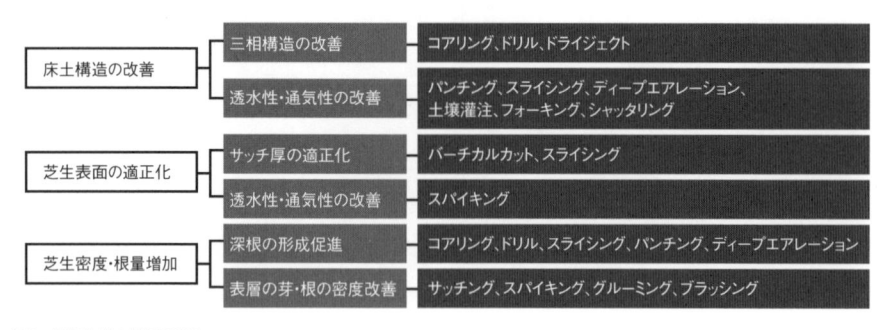

更新作業の目的と種類

更新作業の目的として、①土壌基盤の固結を改善したり、土壌深くの水はけや通気性を改善するという土壌の改良、②芝カス(サッチ)を取り除いたり、土壌表層の透水・通気を確保するという芝生表面の生育環境の適正化、③古くなった葉を取り除いて芝生の密度を増加させたり、土壌深くに根を張らせた芝生の健全な育成、などがあります。

更新作業には目的によりさまざまな種類がありますが、代表的なものは、
- コアリング(土壌にパイプを差して穴をあけコアを取り去る作業)
- バーチカルカット(縦に芝生に切れ目を入れ、細い溝をつくる作業)
- スパイキング(細かな穴をあけ通気性を確保する作業)

などで、【図1】に示すように目的に応じて実施します。

大分類	中分類	作業の種類
床土構造の改善	三相構造の改善	コアリング、ドリル、ドライジェクト
	透水性・通気性の改善	パンチング、スライシング、ディープエアレーション、土壌灌注、フォーキング、シャッタリング
芝生表面の適正化	サッチ厚の適正化	バーチカルカット、スライシング
	透水性・通気性の改善	スパイキング
芝生密度・根量増加	深根の形成促進	コアリング、ドリル、スライシング、パンチング、ディープエアレーション
	表層の芽・根の密度改善	サッチング、スパイキング、グルーミング、ブラッシング

図1 更新作業の目的と種類

更新作業の時期

更新作業を行うのは、芝生が伸びる期間中であればいつでもよいのですが、4月頃と9月頃に多く行われます。冬シバの種を撒くのであれば、播種作業の前作業として9〜10月頃に実施するのが合理的です。

専用機械による作業

造園業者・芝生専門業者に委託して、更新作業を専用機械によって作業することも可能です。近年ではさまざまなタイプの作業機が開発されており、芝生や土壌の状態に応じていろいろな更新作業を選択することができます。

人力による作業

大面積の更新作業を人力で行うのは非常に大変です。実際に2万㎡程度の広場を手作業で更新した事例から計算すると、作業効率は1人1時間で10㎡程度になり、かなりの時間がかかりました。

芝生が劣化していない部分については省略することもできるので、全体を一度で作業するのが難しい場合には、損傷の多い部分や固結の激しい部分、水はけの悪い部分を観察によって特定し、堅くなった部分、水はけが悪い部分を中心に、今日の作業ではここ、来週の作業ではここというように、実施する場所を移動しながら1年で何度かに分けて改善する場合もあります。

写真1　コアリングを行い土壌を改善する（機械作業）

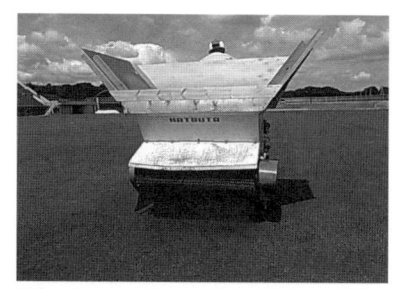

写真2　目土には芝生の密度を上げる効果がある（機械作業）

写真3　手作業によるコアリング

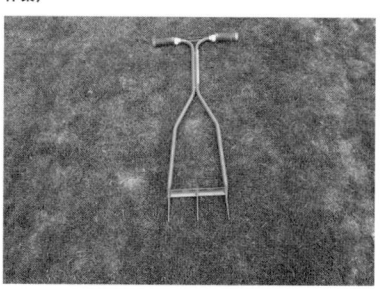

写真4　手作業用のコアリング道具

Q.45 芝生にラインや目印をつける方法は。

A. ラインは専用のペイントで描いたり特別な石灰で引く。
目印はコーンなどを使用したり芝刈り高を変える。

　スポーツ競技などを芝生で行う場合、競技に応じてラインを引いたり目印をつける必要があります。参考として、競技別のライン幅を【表1】に示します。

ラインを引く方法
　芝生にラインを引くには、芝生専用のペイント(スプレー)や卵の殻でできた石灰を使用します。
　芝生用ペイントでラインをで引く場合には、ペイント専用のラインカーを使用します。ペイントは種類やメーカー、使用場面よって異なりますが、7～20倍に薄めて使います。色は、白色の他に赤、青、黄色などがあります。使用の際の注意事項として、ノズルが詰まらないようによく撹拌し、ネット付き漏斗や水切りネットなどを使用してタンク内に異物が入らないようにします。
　まず、ラインロープをまっすぐに張り、それに沿ってラインカーでラインを引きます。その際に、利き目がラインとラインロープの線上に来るようにするとまっすぐに引けます。コーナーは、あらかじめ巻き尺とスプレーなどを使用してコンパスで円を描くように目印をつけておき、それに沿ってラインを引きます。ペイントを使用して芝生の上に大きな文字や絵を描くことも可能です。
　一度引いたラインは、芝生の伸び(季節)や使用方法で異なりますが、乾いてしまえば3～10日程度は残っています。

石灰を使う方法
　卵の殻でできた石灰を使う方法もあります。通常の石灰で芝生の上にラインを引くことを繰り返すと、徐々にライン部分の石灰が固結して芝生が育たなくなります。卵の殻でできた石灰は固結を防ぐので、芝生の生育を阻害しません。
　卵の殻でできた石灰の場合にも、専用のラインカーを使用します。普通の石灰ラインカーでは、石灰の出る部分が芝生に接触し、その部分が濡れて固まってしまうことがあります。また、通常の石灰とは出る量も違います。

目印のつけ方

　よく使用するライン（トラックなど）や競技のコート（サッカーなど）のコーナーやポイント部分に、目印としてグラウンドマークを埋め込んでおくと便利です。グラウンドマークにはさまざまな色（白、赤、青、黄色、緑）や形（十字、L字型、四角型、丸型）があり、使用場面によって使い分けることができます。同様の目的で埋め込むポイント杭（杭の先に紐がついているもの）は、芝生の場合、芝刈りで刈ってしまい見えなくなったり、抜けて芝刈り機の刃を傷めることがあるのでお勧めしません。

　体育の授業や一時的な目印には、コーンや皿コーンを使用すると便利です。また、芝生の刈る高さを変えて、トラック走路を目立たせたり、簡単な文字や絵を描いたりすることもできます。

　また、ロープを芝生上に張ってラインの代わりにすることもできます。この場合、張ったロープに足が引っかからないよう、数メートルおきに専用杭を使って固定します。

表1　競技別のラインの幅

サッカー	120mm以下
ラグビー	80〜100mm
テニス	50〜60mm
野球	76mm
陸上のトラック	50mm（競技場所によって異なる）
バレーボール・バスケットボール	50mm

注　寸法は、ラインの外側で計測し、ライン上はインコートとなる

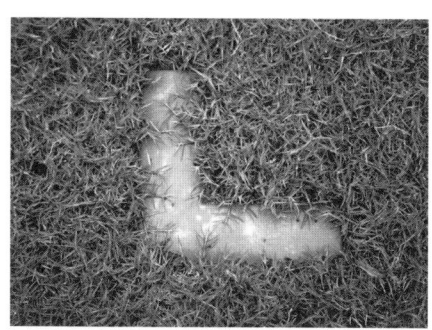

写真1　芝生に埋め込まれたグラウンドマーク

写真2　ペイント式ラインカーを用いたライン引き状況

Q.46 児童・生徒にもできる維持管理作業はあるか。

A. 作業方法や機械を選択し、専門家や大人が見守ることで、できる作業はたくさんある。

芝刈り

エンジン式の芝刈り機や、乗用の芝刈り機は危険が伴うため子供は使用できませんが、ハンドガイド式(手押し式)芝刈り機であれば、小学校中学年くらい(低学年でも行っているところもあります)から芝刈り作業ができます。刈り残しがないように、1列に並んで芝刈りを行い、前の人が刈ったタイヤの跡が自分の刈る中心に来るように歩く(芝を刈る)ことで、刈り残しが回避されます。

回転刃の部分に手を入れるとケガをすることがあるので、必ず手袋をして作業することと、その部分に手を入れないことを、作業の前に安全についてよく説明して注意を促すことが重要です。芝刈りのしかたをまとめて、説明用ボードにしている学校もあります。

肥料散布

肥料散布機は大人サイズにつくられているため、子供の力で押すのは少し大変ですが、高学年になると作業を行っている学校があります。注意したいことは、通常の化成肥料を散布する際、散布が重複したときの肥料焼け(濃度障害)、逆に肥料が散布されておらず、生育に差ができることです。肥料焼けは、緩効性の肥料を使うことによって軽減することができます。また、ムラ撒きによる生育の違いは、ロープなどを張って散布したり、1回の散布量を半分にして、散布方向を縦と横の2回に分けて行うことで軽減できます。

手取り除草

雑草取りは子供でも行える作業です。鎌や除草フォークなどで手をケガしないように、手袋を着用して作業を行います。根っこからしっかり抜くことが除草の基本ですが、大きな雑草などは子供には無理なものもあります。表面に見えている葉っぱをむしり取るだけでも、雑草の生育を抑制し、種をつけさせないなどの効果もあります。

芝生苗植付けやポット苗植付け

　芝生補修用の圃場から芝生を切り出して細かくし、裸地部分に植え付ける方法や、教室や家庭でペットボトルを切ったものに芝生を育てて、それを植え込む補修方法など、大人と子供が参加して行う補修方法があります。毎年のイベントとして大勢で行っているところもあり、自分たちが育て植え付けた芝生が成長する過程を観察することで芝生に対する愛着がわくなど、さまざまな効果が得られます。

その他の作業と安全対策

　その他の作業として、冬場の養生シートの上げ（敷設）・下げ（撤去）や播種、ディポット埋めなどを行っているところもあります。

　このように、子供たちにもできる作業はたくさんありますが、大人に交じって行うと大人がやっていることをやりたがります。できることと、できないことをはっきり区別して、作業分担を区分することが危険の回避になります。

　また、エンジン式ロータリー芝刈り機は高速で刃が回転しており、飛び石など周辺に危険を及ぼすことがあるので、作業エリアを区分するなど、危険な作業機械に近づけないことも安全対策の重要なポイントです。

写真1　芝刈り作業（手押し式芝刈り機）

写真2　目砂や肥料の散布作業

写真3　芝植え作業（ポット苗）

写真4　芝植え作業（切り芝）

Q.47 児童・生徒や保護者でもできる芝生の植え付け方は。

A. 購入した芝生や自分たちが育てたポット苗を植え付けたり、夏シバの種子を播く方法がある。

芝生の植え付け時期
　芝生の生育期に植え付けを行えば速く生育(被覆)し、養生期間も短くなります。施工時期は4月から7月初旬が良く、雨期もあるので植え付け後の散水を軽減することも可能です。梅雨明け近くに施工すると、散水作業が大変になり水の量も多く使うことになります。学校の夏休みを養生期間にあてることで、校庭が使用できない期間を短くしたり回避することもできます。

ソッド(切り芝)での植え付け
　芝生をA4サイズくらいの大きさに切ったものをソッド(切り芝)といいます。少量の面積ならホームセンターなどで購入できますが、大面積の場合は業者に委託して購入します。ティフトンや改良ノシバ(コウライシバ)など、一般には流通の少ない芝生も業者へ委託すると入手できます。
　植え付け方には、目地(隙間)を開けて張る方法と、べた張りという隙間なく並べる方法があります。養生期間を長く設定できる場合は前者が、養生期間があまり取れない場合は後者がベストです。

芝生苗やポット苗の植え付け
　芝生の苗やポット苗の植え付けは、生育速度が速いティフトンに適しています。他のノシバなどでも可能ですが、被覆までに多くの養生期間が必要となり、早く芝生を使えるようにはなりません。
　芝生苗の場合は、専門業者から購入したソッドまたは校内で育てた補修用の芝生を切り出して、その根(ストロン)を5〜10cm(2〜3節)の長さで切ったものを10〜20cm間隔で植え付けていきます。筋状に掘った溝(深さは5cm前後)に植え付けていく筋植え工法が一般的で、間隔が狭いほど被覆速度は速くなります。乾燥害を軽減するために、少し深めに植え付けるのがポイントです。
　ポット苗も購入できますが、ペットボトルを切ったものや6cmくらいのポットに

土や砂を入れて芝生苗を植え付け、それを学校や家庭で育てて大きくなったものを校庭の裸地化したところなどに植え付けていくことでも可能です。自分たちが育てることによって芝生に対する愛着がわいたり、保護者のボランティア活動が活性化するなど効果は多方面にわたります。

4〜5月初旬頃にポット苗作成を行って十分に養生し、梅雨の時期から夏休み前に校庭に植え付けると、散水の軽減や養生期間短縮につながります。この時期は芝生の生育適期と合っているため被覆が早く、夏休みが終わって登校してきた子供たちの喜ぶ顔が見られるでしょう。

写真1　ポット苗を植える穴を掘る

写真2　つくられたポット苗

冬シバの播種

9月中旬から10月に冬シバ（寒地型芝草）の種子を播くことで、夏型の芝草を1年を通して緑の状態にすることができます。

ペレニアルライグラスなどの種子を、1㎡当り30〜50gを目安に均等に播きます。肥料散布機を使用して散布すると均一にできますが、目砂などに混ぜて保護者、子供と一緒に撒いて発芽の観察を行うなどの方法もあります。

写真3　ポット苗植え付け作業

養生管理

芝生苗やポット苗、寒地型芝草の播種後は、苗や種子が乾燥しないよう十分な散水を一定期間行います。この期間は、ソッドで植え付けた場合には、容易に剥がれなくなるまで、芝生苗やポット苗で植え付けた場合には、植えた苗が横に伸びて全面を覆うようになるまでが目安になります。適時な施肥や刈り込みは生育を速めますので、養生期間を短くすることができます。

写真4　ポット苗植え完了

【芝生の植え付け方】

Q.48 農薬を使わない芝生の維持管理方法はあるか。

A. 「どのような芝生を求めるのか」「その結果を受け入れられるか」による。

生き物と薬

「農薬を使わないと、芝生の維持管理はできないのか」という質問への答えは、「どんな芝生を求めるのか」によって変わってきます。芝生つまり芝草は生き物です。生き物なので病気にもなります。私たちが病気になるのと同じです。できるだけ病気になりたくない、もしくは病気になっても軽く済ませたい、重症になって死にたくない、病気から早く治りたい、というときに使うのが薬です。芝生の場合も、絶対に病気にかからせたくない、もしくは病気になってしまっても軽く済ませて早く回復させたい、と思うのであれば、薬を使った方が合理的です。

人間の生命を守ったり、私たちが生きていくために必要な量の食べ物を生産するのに薬(医薬・農薬)が使われることが多いのは、「守る」ことを重視しているからでしょう。逆に、自然の抵抗力や治癒力に任せたい、薬は使いたくない、というのであれば、それも1つの選択肢です。その場合、病気が重症化し、時には死んで(枯れて)しまうリスクは高まりますが、それを受け入れることができるなら、これもまた合理的です。

農薬を使わない場合のリスク

今までの長い芝草管理のなかで、病害虫や雑草による被害を、芝草自体の抵抗力によってできるだけ減らそうという研究や実践が行われてきました。わが国でも特に1990年代以降、芝草の無農薬管理についても数多くの研究が真剣に行われました。その結果、その場所の気候に適した芝草の種類を選び、水はけなど土壌の状態を整え、日当たりや風通しなどの環境を整えたうえで、施肥やその他の管理作業を適切に行えば、芝草の抵抗力や治癒力を最大限に引き出せることがわかってきました。そのような対応は、どんな芝生でも必ず行うべきでしょう。

しかし現時点では残念ながら、そのような適切な対応を行ったとしても、化学農薬を使わなかった場合、芝草が枯れてしまうリスクは残ってしまいます。例えば、わが国の気候に最も適応していて病気になりにくいノシバ・コウライシバを使った場合にも、いくつかの病害(例えばリゾクトニア菌によるラージパッチ病)などの危険が残ります。

外来の洋シバ（冬シバ）の場合は、さらにさまざまな病害が発生します。そして病害以外にも、害虫による食害で大きな被害が出たり、雑草が侵入した後でその雑草が季節変化などで枯れてしまったりといった原因で、芝草がなくなり、裸地ができるリスクはあります。さらに、1人当りの面積が小さい場合には、病害などで弱った芝草が、その後の使用に耐え切れずに、なくなってしまうリスクもあります。

　殺菌剤、殺虫剤、除草剤などの農薬は、芝生を守ることで、こういったリスクを低減することができます。実際にどんな農薬をどのように使うべきかの判断は、その農薬に関する十分な知識を持った専門家（芝草管理技術者・緑の安全管理士など）の指導を受けて行います。

リスクの受け入れと対策の準備

　校庭芝生の場合、完全無欠な芝生を年中いつも提供する、というレベルを目指す必要はありません。しかし、子供たちに安心して思いっきり遊んでもらうためには、芝生がなくなってぬかるみやでこぼこがたくさんできたり、そのために芝生が使えない期間が長く続いたり、ということは避けたいものです。

　あとは、どのレベルの芝生を望むのか、その芝生の置かれた条件で農薬を使わない場合どのようなリスクがあるのか、もし枯れた場合にどのように対応するのか（例えばどうやって植え直すのか、使えない間どうするのか）を、自身の校庭の芝生について考えます。その結果、そのリスクを受け入れ、枯れたときの備えや対策があるのなら、無農薬による芝生管理も可能となります。

農薬を使う場合の注意点

　現在の農薬の多くは、毒性や事故が問題になった昔の農薬に比べると、大幅に安全性が改善され、人体にも環境にも影響が少ないものになっています。しかし、万一の事故を防ぎ、利用者や周辺住民の不安を取り除くためにも、農薬の使用にあたっては、対象に合わせて適切な農薬を選ぶこととともに、ラベルなどに記された使用方法を守り、必要な事前告知を行うなど、注意が求められます。

　また、農薬以外で効果や安全性が確認されたものに酢や重曹などの「特定農薬（特定防除資材）」があります。特定農薬の指定を受けていない一般資材でも農薬としての効果をうたっているものがありますが、農薬のように厳密な安全性の検討が行われていないものが多く、安易な使用はかえって危険があるため注意が必要です。

Q.49 維持管理用具にはどのようなものがあるか。

A. 芝刈り機や肥料散布機、更新作業機械などがあり、芝生の面積や使用対象者などの条件で使い分ける。

芝刈り機

校庭緑化で使用される芝刈り機(モア)には、刃の形状によってリール式とロータリー式があります。また人力で押して芝を刈るハンドタイプ、刃の回転と走行を動力によって動かす自走タイプ、人が乗って芝刈りができる乗用タイプなどがあります。メーカーや機種によって操作方法、作業能力、整備性が違うので、購入前に機種、作業能力、整備性などを比較して芝生の種類、面積や使用する人に合ったものを選ぶことが重要です。【表1】に、芝刈り機の種類による特性を示します。

肥料散布機

校庭緑化で使用される肥料散布機には、ドロップ式(重力落下式)とブロード式(遠心力散布式)の2種類があります。ドロップ式もブロード式も、粒状肥料散布や冬シバ(寒地型芝草)の播種時に使用します。

ドロップ式は散布機の幅が1m程度で、肥料や種子もこの幅で落ちるため、大面積に撒くには時間がかかる、隙間が空いてムラ撒きの原因になりやすいなどの短所があります。ブロード式は散布幅が約3mと広く、ムラ撒きなどの失敗が少ないのが長所です。校庭の管理ではブロード式のほうがよいでしょう。

肥料散布機も、メーカーや機種によって散布量の調整が容易なものや難しいものなどがあり、機種選定には注意が必要です。なお、肥料の散布方法については**Q.42**を参照してください。

更新作業機械

更新作業機械には、専門業者が使用する大型のものから、ボランティアなどで使用できるハンド式のものまでいろいろあります。校庭緑化の場合、面積もそれほど大きくはなく、使用頻度も少ないことから、大型の機械を購入することはコスト的にお勧めしません。最近では、小型の更新作業機も見られるようになってきました。手作業で更新作業を実施する場合は、ハンド式のコア抜きタイプ、ナイフタイ

プなどを面積や管理体制に応じて数本〜20本程度用意するとよいでしょう。

その他の管理機械や備品

維持管理に用いるその他の機械や備品として、刈払い機、散水用ホース、用具の清掃などに用いるエアコンプレッサー、ペイント用ラインカー、草取り鎌、ブロアー、補修用カップ切り（ホールカッター）、熊手、竹箒、バケツ、移植ゴテなどがあります。

表1　芝刈り機の種類による特性（参考）

芝刈り機の種類	刈り幅	作業能力	メリット	デメリット
ハンドモア	300〜350mm	150〜200㎡/h	子供も使用できる 取り扱いが容易	耐用年数が短い 刈り込みに時間がかかる
自走式 ロータリーモア	400〜550mm	500〜1500㎡/h	メンテナンスが容易	飛び石などの危険がある エンジンによるやけどに注意
自走式 リールモア	400〜750mm	600〜1000㎡/h	刈り上がりが美しい	刃を研ぐのに専門知識が必要 メンテナンスがデリケート
乗用式 ロータリーモア	1000〜1200mm	2000〜3000㎡/h	短時間で大面積を刈れる	長期間使用しないとバッテリーが上がる

写真1　乗用式芝刈り機（草集装置付きもある）

写真2　自走式芝刈り機（草集装置付きもある）

写真3　手押し式芝刈り機（集草カゴ付き）　写真4　手押し式肥料散布機　写真5　ドロップ式種子散布機

【維持管理用具】

Q.50 機械の維持管理方法を教えて。

A. 使った後によく手入れしてから保管する。

芝刈り機

　芝刈り機は使用後、芝カスを水できれいに洗い落とします。芝カスが付着したままにしておくと、エンジン付き芝刈り機などはさびや劣化が早く進み、故障や不調の原因となり耐用年数が短くなります。また、芝カスが燃えて火災になることもあります。

　洗浄後は、エアコンプレッサーなどで水滴を吹き飛ばしておくとさらに効果的です。芝カスの付着の少ない乾燥時や冬季などは、エアコンプレッサーで吹き飛ばすだけでもかまいません。また、刃や回転部分にグリスの注入や、さび止め防止剤をスプレーすることも重要です。

　エンジン式芝刈り機の場合、洗浄時にエンジン部分やマフラーに水がかからないように注意します。以下の点にも留意します。

オイル点検──作業開始前に必ずオイル量の点検を行います。エンジンの焼き付きや、オイル量が多すぎるとエンジンが不調になり故障の原因になります。

エアクリーナーの掃除──作業後は、エアクリーナーを取り外し、芝カスやほこりをエアコンプレッサーで吹き飛ばします。長年使用して汚くなったものは交換を検討しましょう。

定期的な点検整備──オイル交換や刃の研磨など、専門的な知識を要する整備は、定期的にメーカーなどへ整備を依頼することをお勧めします。

肥料散布機

　肥料は、散布機に入れたものを使い切るのが基本です。もし残った場合には袋に戻します。肥料散布機に入れたままは厳禁で、肥料が固まり、次の使用時に作動しなかったり、さびや腐食の原因となります。

　肥料には、水分を吸収してさびを起こしやすい成分が含まれています。使用後は必ず水洗いし、水分をよく乾かしてから保管します。特に溶接部分などからさびが発生しやすいため、そういった部分などにさび止め防止剤をスプレーしておくことも長く使うコツになります。

その他の機械や器具

その他の管理機械や器具も、使用後は芝カスや土をよく洗い流し、水分を乾かしてから保管します。芝刈り機などと同様にさび止め防止剤を使用し、グリスの注入も行いましょう。また、専門的な知識を要する機械や器具の整備は、メーカーや機械整備会社へ委託することをお勧めします。素人の整備では逆に壊してしまい、修理代が高くなる場合もあります。管理予算には、機械などの整備代を組み入れておくことが重要です。

保管

保管は、雨がかからない鍵付きの倉庫で保管しましょう。雨水によるさびや腐食を防ぐとともに、鍵付きの倉庫にすることで盗難やいたずら防止になります。また、児童・生徒が勝手に倉庫内に侵入し機器を使用して起こるケガや事故の防止にもつながります。

当然ですが、倉庫内はいつも清掃して整理整頓しておきましょう。出し入れが容易になるとともに、倉庫内でのつまづき転倒防止にもなります。

管理作業時間に、洗浄、片付けまでの時間を考慮することもポイントの1つです。維持管理用具は丁寧に正しく整備して扱えば、長期間良好な状態で使うことができます。機器メーカーで、整備方法の講習などを行っている場合もありますので、問い合わせてみるとよいでしょう。

写真1　肥料散布機の洗浄

写真2　芝刈り機の刃の研磨

写真3　機械類は倉庫で保管する

写真4　倉庫内は整理整頓を心がける

Q.51 春季(3〜5月)の作業のポイントは。

A. 夏シバ、冬シバとも生育期と重なるので
生育のための管理作業をしっかり行う。

春季(3〜5月)の芝生生育

この時期の夏シバ(暖地型芝草)は、休眠から覚めて徐々に萌芽をはじめます。芝生をよく観察すると、地際部分が緑になってきています。春先の夏シバはまだ生育が遅いので、5月下旬までは児童の運動・遊びによる損傷が多くなります。

ライグラス類などの冬シバ(寒地型芝草)は、生育が旺盛になってきます。新しい葉・茎が次々に発生して密度も上がりますが、株型の草種では横には伸びていかないので、裸地になった部分をカバーするためには種子の追い播きが必要です。

春季(3〜5月)の維持管理作業

この時期に、休んでいた刈り込みを再開して定期的に行うようにします。施肥を開始する時期でもあり、散水作業も必要です。

芝生の生長が旺盛になりはじめる時期ですので、更新作業(エアレーション)を実施するには適しています。更新作業は土壌をほぐして土壌の通気・透水性を向上させるので、芝生の生育を向上させる効果があります。そのほか、芝生面の凹凸をなくすためにも目砂(土)をするとよいでしょう。また、生育を旺盛にしていくためには光を十分に当ててやることが必要です。そのため、作業としては徐々に刈り高を10mm前後まで下げ、施肥量も徐々に増やしていきます。

夏シバは梅雨中期までは生育は遅く、陽を受けないと衰退するため、刈り込み回数を多くして生育を促進させます。梅雨時期に冬シバが一時的に復活し、梅雨明けと同時に衰退して裸地化することがあるため、ティフトンの芽数などに注意して、少ないところは補植や張り替えを行います。

5月以降は、冬シバにおいては最も生育が旺盛になる時期ですが、ウィンターオーバーシーディング(WOS)ではトランジションの時期にあたります。そのため、低刈りや更新作業を行い、冬シバを衰退させるとともに、休眠状態から萌芽しはじめたティフトンを活性化させるための作業を行わなければなりません。同時に、冬シバは5月中下旬より急激に伸びが速くなるので、状況調査を日々行って必要に応

じて刈り込み回数を増やします。

表1　春季の芝生生育

芝草の種類と状態			3月	4月	5月
夏シバ	芝生生育	バミューダグラス	生育休止期	生育開始期	生育上昇期
		ノシバ・コウライシバ	生育開始期	生育上昇期	生育期
	芝生状態		やや不良	普通	良好
	利用ダメージ		やや大	中	小
冬シバ	芝生生育	ライグラス類	生育期	生育旺盛期	
	芝生状態		普通	良好	
	利用ダメージ		中	小	

注　本表は関東〜中国地方に合わせて作成

表2　春季の芝生維持管理作業

作業の種類		3月	4月	5月
刈り込み	手押しモア	―	―	―
	乗用モア	4回	4〜6回	4〜6回
施肥	粒状肥料	1〜2回	1〜2回	1〜2回
	液肥	―	必要に応じて	―
エアレーション	スパイキング	―	―	1回*
	バーチカット	―	―	―
	コアリング	―	―	―
目砂(目土)	2mm程度	―	―	―
ウィンターオーバーシード	ライグラス類	―	―	―
転圧(目砂散布時)	軽量ローラー	―	―	―
散水	スプリンクラー	4回	8回	8回
シート養生		―	―	―
除草		適宜実施		
芝生補修		適宜実施(必要に応じて実施)		

注　本表は関東〜中国地方に合わせて作成
*梅雨入り前の透水性改良のため実施

Q.52 夏季(6～8月)の作業のポイントは。

A. この時期に、ダメージを受けた夏シバを回復させる。

夏季(6～8月)の芝生生育

　夏シバ(暖地型芝草)は梅雨時期の日照不足で回復しにくいときがありますが、盛夏には旺盛に生育します。降雨が少ないと水枯れする場合もあるので、しっかりと灌水を行います。冬シバ(寒地型芝草)は5月から6月初めにかけて最もよく伸びますが、その後は衰退していきます。

　この時期には害虫も発生するので注意が必要です。

夏季(6～8月)の維持管理作業

　夏には、徐々に刈り高を低く(10～20mm)しながら刈り込み頻度を増やし(週2回程度)、横方向への伸長(ほふく)を促して、ダメージを受けた夏シバをしっかりと回復させます。夏のはじめと夏休みの終わりには肥料を十分に与え、回復力を上げるようにします。水が不足すると生育が停滞するので、十分に灌水するようにしましょう。プールの水なども利用可能です。

　ウィンターオーバーシーディングを行っている場合には、トランジションのために低刈りをして、ベースに利用している夏シバに光を当てて生育を促進させます。これは、できるだけ長く生育が確保できるようにするためです。冬シバは衰退して消失することが多いのですが、この時期にイベントを行って負荷をかけ、衰退を早めさせるなどの方法もあります。

　夏休みの開始時期に補修作業を行っておくと、休みの期間を利用した養生ができるので、この時期の生育の速さを利用して十分に回復させることが可能です。蛾の仲間やケラが発生している場合には、ローラーや足踏みで転圧を行い、肥料を十分に与えて灌水しながら養生します。

表1　夏季の芝生生育

芝草の種類と状態		月	6月	7月	8月
夏シバ	芝生生育	バミューダグラス	生育期	生育旺盛期	
		ノシバ・コウライシバ	生育期	生育旺盛期	
	芝生状態		普通	良好	
	利用ダメージ		中	小	
冬シバ	芝生生育	ライグラス類	生育期	夏シバ利用期	
	芝生状態		普通	やや不良	
	利用ダメージ		中	大	

注　本表は関東～中国地方に合わせて作成

表2　夏季の芝生維持管理作業

作業の種類		月	6月	7月	8月
刈り込み	手押しモア		—	—	—
	乗用モア		6回	6～8回	6～8回
施肥	粒状肥料		1～2回	1～2回	1～2回
	液肥		—	必要に応じて	
エアレーション	スパイキング		—	—	—
	バーチカット		1回	—	—
	コアリング		1回	—	—
目砂(目土)	2mm程度		1回	—	—
ウィンターオーバーシード	ライグラス類		(トランジション)	—	—
転圧(目砂散布時)	軽量ローラー		1回	—	—
散水	スプリンクラー		6回	8回	10回
シート養生			—	—	—
除草			適宜実施		
芝生補修			適宜実施(必要に応じて実施)		

注　本表は関東～中国地方に合わせて作成

Q.53 秋季(9～11月)の作業のポイントは。

A. 秋のイベントなどによりダメージを受けやすいので、事前に夏休み期間などを利用して十分な回復をとっておき、部分的なダメージは修復を行う。

秋季(9～11月)の芝生生育

秋は夏シバ(暖地型芝草)が徐々に生育を落ち着かせ、晩秋には休眠に入る時期です。冬シバ(寒地型芝草)は回復期に入り、生育は旺盛になります。ウィンターオーバーシーディング(WOS)では、播種時期から初期生育に相当します。

この時期は運動会の練習などで芝生にダメージを受けることが多いため、8月の段階で十分な回復をとっておくとよいでしょう。

秋季(9～11月)の維持管理作業

通常の管理は、定期的な刈り込みと施肥、散水です。刈り込みは、刈り高20～30mmで週1回を目安にします。施肥は芝生のダメージを見ながら実施します。傷みが少ない場合には月1回程度、傷みが多い場合には月2回程度でよいでしょう。

WOSは9月後半から10月に行いますが、あまり播種が遅いと発芽までに時間がかかり、逆に早めに播種してしまうと初期病害発生のリスクが高まります。播種した後、発芽直後からの1週間程度、ついでそれに続く2～3週間にダメージを受けると、その後の芝生の生育に大きな影響が出るので注意が必要です。可能であれば、この時期には3～4週間の養生期間を取りたいものです。また、播種作業には更新作業と目砂がセットになっていますが、播種を行わない場合には別途作業を計画するとよいでしょう。

季節柄、運動会などのイベント利用によって部分的にダメージを受ける場合がありますが、こうした場合は部分エアレーション、部分施肥などを実施してカバーを図ります。

なお、播種・播種後の管理作業などについては**Q.54～56**を参照してください。

表1　秋季の芝生生育

芝草の種類と状態		月	9月	10月	11月
夏シバ	芝生生育	バミューダグラス	生育期	生育鈍化	生育停滞期
		ノシバ・コウライシバ	生育期	生育停滞期	生育休止期
	芝生状態		良好	普通	普通
	利用ダメージ		小	中	中
冬シバ	芝生生育	ライグラス類	播種期	生育期	生育期
	芝生状態		普通	良好	良好
	利用ダメージ		中	小	小

注　本表は関東〜中国地方に合わせて作成

表2　秋季の芝生維持管理作業

作業の種類		月	9月	10月	11月
刈り込み	手押しモア		—	2回	—
	乗用モア		6回	4回	4回
施肥	粒状肥料		1〜2回	1〜2回	1〜2回
	液肥		—	—	—
エアレーション	スパイキング		1回*	—	—
	バーチカット		—	—	—
	コアリング		1回	—	—
目砂(目土)	2mm程度		1回	—	—
ウィンターオーバーシード	ライグラス類		1回	—	—
転圧(目砂散布時)	軽量ローラー		1回	—	—
散水	スプリンクラー		10回**	12回**	8回**
シート養生			—	—	—
除草			適宜実施		
芝生補修			適宜実施(必要に応じて)		

注　本表は関東〜中国地方に合わせて作成
*ウィンターオーバーシード後の透水性改良のため実施
**ウィンターオーバーシードを実施した場合の目安

Q.54 冬季（12〜2月）の作業のポイントは。

A. 夏シバ、冬シバとも刈り込みを休止する。
霜などからのダメージを防ぐためにシート養生も必要になる。

冬季（12〜2月）の芝生生育

　この時期の夏シバ(暖地型芝草)はほぼ休眠しています。伸びが期待できませんので、損傷を受けても回復は見込めない時期となります。

　ライグラス類などの冬シバ(寒地型芝草)であっても、低温のため生育が鈍化しています。しかし、葉は緑色を維持していますので、温かい期間が続けばある程度は伸びが期待できます。

冬季（12〜2月）の維持管理作業

　夏シバでは、この時期には刈り込みを休止します。休止の目安は、芝刈り機の刈り高をやや高め(30〜40mm程度)にセットし、刈り草が出ないようになったら刈り込みを休止するとよいでしょう。

　冬シバの刈り込みの休止も同様ですが、やや高めの刈り高(30〜40mm)にしておくことで、ある程度はダメージを軽減できます。

　刈り込み休止の期間中であっても、ごみ取りや美観維持としてモアを走らせる場合もあります。この刈り込み休止のタイミングでやや多めに施肥を行うと、翌年の萌芽が早くなり回復力が増します。冬季の施肥は、葉面からも吸収の可能な液肥を与えることも効果的です。

　冬季に養生シートを用いて地温を維持し、生育を確保することもできます。また、降霜による黄化などのダメージが出ることがありますので、このシートで厳しい霜を防いだり、過度の芝生利用を避けるようにするとよいでしょう。寒さにより芝生が凍上すると、地下茎が切断して乾燥などで枯れる場合があります。このような場合には、必要に応じて転圧を施します。

表1 冬季の芝生生育

芝草の種類と状態		月	12月	1月	2月
夏シバ	芝生生育	バミューダグラス	生育休止期		
		ノシバ・コウライシバ	生育休止期		
	芝生状態		休眠	休眠	休眠
	利用ダメージ		大	大	大
冬シバ	芝生生育	ライグラス類	生育停滞期		生育上昇期
	芝生状態		やや不良		
	利用ダメージ		やや大		

注 本表は関東〜中国地方に合わせて作成

表2 冬季の芝生維持管理作業

作業の種類		月	12月	1月	2月
刈り込み	手押しモア		―	―	―
	乗用モア		必要に応じて実施		
施肥	粒状肥料		0回	0回	1回
	液肥		―	―	―
エアレーション	スパイキング		―	―	―
	バーチカット		―	―	―
	コアリング		―	―	―
目砂(目土)	2mm程度		―	―	―
ウィンターオーバーシード	ライグラス類		―	―	―
転圧(目砂散布時)	軽量ローラー		―	―	―
散水	スプリンクラー		必要に応じて実施		
シート養生			必要に応じて実施		
除草					
芝生補修			適宜実施(必要に応じて)		

注 本表は関東〜中国地方に合わせて作成

Q.55 ウィンターオーバーシーディング(WOS)とはどのようなものか。

A. 夏シバ、冬シバの2つの草種を用いて常緑化をはかり、秋季～冬季に芝生の損耗を防ぐ方法の1つ。

年間を通して芝生を保つ

ウィンターオーバーシーディング(Winter Over Seeding:WOS)とは、夏シバ(暖地型芝草)に、秋に冬シバ(寒地型芝草)を播種し、芝生のクッション性と緑色を、年間を通じて保つ方法で、芝生の二毛作であるともいえます。大型スタジアム、サッカーJリーグクラスの競技場などでは標準的に採用されている方法です。

WOSは、米国南部のゴルフ場で冬も緑色を維持し集客を高めるためにはじまり、冬季の運動場で凹凸の増加、ケガの多発などが問題化したとき、解決方法として取り入れられた維持管理手法です。

作業の注意事項は少なくありませんが、1つ1つの作業は難しくはなく、ストレスの多い芝生であっても失敗しにくい芝生維持管理方法です。

学校校庭でのWOSの必要性

なぜ、芝生校庭でWOSが必要なのでしょうか。
一般に、WOSのメリットとしては、
① 冬季～春季に夏シバだけで枯れ込むことを回避して、常緑が維持できる
② 年間を通して芝生のクッション性が維持できる
③ 夏シバの冬季の擦り切れや踏圧ダメージを軽減できる
といったことが挙げられます。芝生校庭では②、③の理由が大きくなります。

WOSの採用は芝生が冬季に受けるダメージとのトレードオフを考慮して決めることになります。毎日利用し、生徒数の多い学校では、夏シバのみでは冬季のダメージで春先の芽出しが遅れたり、極端な場合は枯死に至る場合もあります。必ずしもこの方法でというわけではありませんが、目安として1人当り運動場面積が10㎡/人以下はWOSを実施した方がよく、7.5㎡/人未満では必須と考えてよいでしょう。

使用する草種

WOSに際して採用する草種には以下のような特徴が求められます。

① 発芽・初期育成に優れ、ターフの形成が速いこと
② 冬季も緑色を保持し、春の緑化が速いこと
③ 耐病性、耐虫性があること
④ 激しい踏圧に耐え、回復力があること
⑤ 夏期に夏シバの再生が容易であること

上記の条件を考慮すると、望ましい草種は以下のものです。

ペレニアルライグラス──仕上がりが速く、良質なターフを形成し、近年はさらに品質自体の改良も進んでいます。耐暑性はやや低く、トランジション（冬シバから夏シバへの切り替え作業）にも向いています。

イタリアンライグラス──耐暑性がペレニアルグラスよりも弱く、トランジションがさらに容易です。また、ベースとなる夏シバとしては、主にティフウエイ（ティフトン419）や改良型ノシバなどの生長の速い草種を用います。

利用可能な地域

温量指数（各月の平均気温から5℃を引いて1〜12月を足した数値、**Q.25**参照）で110〜120℃付近が望ましい地域です。地域でいえば高冷地を除く関東北部から西の本州全域になります。つまり、夏シバのみ、あるいは冬シバのみでは通年利用がやや困難である場所に向いています。

作業適期

本州の場合、9月下旬〜10月末頃が適期になります。暑さが残るなかで播種すると病害などが発生し、発芽直後の芝生が枯れこむなどの症状が出ることもあります。逆に遅くなりすぎると、寒さのために発芽率が下がったり初期生育が遅くなるなどの影響が出ます。

実務作業

WOSを行う場合は、① 基盤づくり、② 準備作業、③ 播種作業、④ 播種後の管理作業、⑤ トランジション（冬シバから夏シバへの切り替え作業）のような作業を実施します。

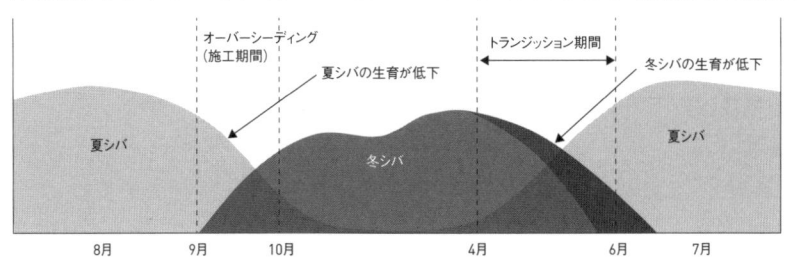

図1　ウィンターオーバーシーディングにおける芝草の生育曲線

Q.56 WOSの播種作業の内容は。

A. 秋季の播種前の準備作業と播種作業。
手順は長いが、きちんと守れば失敗しにくい。

播種する時期
　ベースとなる芝生がバミューダグラスの場合は地下10cmの地温で20〜22℃が目安です。関東地方では、通常は9月後半から10月前半になります。あまり早く播種すると地温が高く、苗立枯病、いもち病が発生する危険があり、逆にあまりに播種が遅れると温度が足りず仕上がりが遅くなるという問題があります。

基盤づくり
①オーバーシードを行う校庭の整備
　芝草の育成は、排水良好が必須です。不良部分は、早めに排水の改善を行っておきます。また、日照が悪い部分は夏シバへの切り替え時に影響を受けますが、土壌を砂にして排水性を高めるとある程度改善できます。そして、種子をより早くターフ化させるには、水を十分与えることが重要で、スプリンクラーの整備が必要です。芝生コップやシャーレなどをいくつか置いて、スプリンクラーからの散水量や均一性を調べておくとよいでしょう。

②ウィンターオーバーシーディング（WOS）前の校庭の下地づくり
　WOSでは、播種した寒地型芝草の種子が土壌に密着することが最重要です。そこで、夏シバ（暖地型芝草）の根茎発達・サッチの除去・種子と土壌の接触部分の提供を目的としてコアリングとバーチカルカット（いずれかあるいは両方）を実施します。夏シバの生育を促し、春の萌芽のための養分蓄積を促進するための施肥を行います。

播種作業
　WOSの播種作業手順を以下に示します。
①直前作業
直前の刈り込み——この刈り込みの目的は、均一な播種を可能にするためで、刈り高は現状の4/5の高さを目安にします。やや低く刈り込むことにより、種子が目的深度に入りやすくなり発芽が安定します。

サッチ層の再確認——土壌断面を観察しサッチ層を再確認します。穴や溝が塞がっていれば、再度バーチカルカットを行います。

② 基肥(もとごえ)の施用

播いた種子の発根と成長を促すためにリン酸主体の肥料を施します。このときバミューダグラスでは夏シバの生育を促進しすぎないよう窒素肥料は加減します。

③ 播種および擦り込み

播種作業——ドロップ式播種機では縦横に2回播き、均一にします。ロータリー式シーダーでは縦横斜も加え、3〜4回播くのがよいでしょう。ペレニアルライグラスの場合、播種量は30〜50g/㎡になるように調整します。

擦り込み——播種が終わったら、スチールマット・箒などを使用し、種子が土壌によく接するように十分擦り込みます。

④ 目土

目土は必ずしも必要ではありませんが、発芽が安定して種子の定着が促進され、乾燥防止により発芽率が向上します。目土は播種後の養生期間、あるいは散水能力などに応じて行うことも効果的です。散布量2〜5mmの厚さで均一に散布し、播いた種子が動かないように押さえます。

⑤ 散水

散水は土壌の濡れを確認して十分量を与え、播いた種子が十分に濡れるようにします。ここまでの作業が終わったら、播種後養生に移ります。

作業スケジュール

表1に東京都内のある小学校(芝生面積1,500㎡)の作業スケジュールの一例を示します。

表1　作業スケジュール例

	作業名	作業内容
10/13	刈り込み	刈り高15mmにて実施
10/14	更新作業(エアレーション)	直径12mmのタインにて深さ5cm程度でエアレーション実施
10/15	播種作業	ペレニアルライグラス:90kg(60g/㎡、余裕分含む)
	目砂散布	洗い砂:3㎥(2.0mm厚)
	施肥	有機化成肥料10-10-10:60kg(40g/㎡)
	散水	降水量として5〜15mm相当

注　実施後3週間を立入を禁止して養生。その間、散水は発芽した種子が乾かぬよう毎日2〜3回実施／この事例では運動会の練習で、芝生がある程度傷んでいたため、事前のバーチカルカットは不要と判断している

Q.57 WOS後の維持管理作業は。

A. 播種後初期養生・芝生の育成と、春季から夏季のトランジション作業（冬シバから夏シバへの切り替え作業）が主となる。

WOS後の初期養生管理（播種から秋冬の維持管理）

① 散水──播種後の散水は最重要になります。発芽したばかりの苗は人間でいえば生まれたばかりの赤ん坊であり、自力で土壌から吸水できるようになるまで細心の注意が必要です。播種直後は通常より多めに散水します。1回当り降水量として5〜10mm相当が目安です。3〜7日後に発芽してから10日間ほどは1日に数回散水を降水量として2〜5mm相当を行います。その後は必要に応じて7〜10日間程度、朝、昼を中心に散布します。夕方の散水は病害発生を招く場合があるため注意します。また、大雨や大量散水では、種子が流れたり寄ったりして均一に発芽しないので台風情報などに注意します。

② 刈り込み──ペレニアルライグラスの場合は刈り高30〜35mmにて刈りはじめます。播種後10日〜2週間程度（草高5〜6cmに生長）が刈り始めの目安です。徐々に刈り高を下げ、最終的に25〜30mmに揃えます。刈り込み頻度は播種後1〜2ヵ月間は週に2〜3回、冬季は週1回程度です。

乗用機械による踏圧がダメージにつながるため、初期の刈り込みは手押しモアを使います。刈り込みの方向は一定化せず、順番に変更します。

③ 施肥──施肥は発芽後2〜3週間目から開始します。施肥量の目安は窒素成分として、1回に2.5〜3.5gN/m^2です。冬季まで、2〜3週間間隔で2〜3回を実施するとよいでしょう。カリウムは窒素量より少なめか、同等量（冬期間の耐寒性を高める）にします。

④ 追播き──ウィンターオーバーシーディング（WOS）に使う種子を1〜2割残しておき、密度の低い部分やターフの傷みに対してシーダーを用いて播きます。小面積ならば砂に5ℓに種子50mg程度の割合で混ぜて、砂ごと1m^2に1〜2ℓの割合で撒きます。この手法は日常管理のなかでも使えますので覚えておくとよいでしょう。

⑤ 施薬（殺菌剤・殺虫剤）──基本的に施用しません。発生する可能性のある病害は、苗立枯病（ピシウム菌）、グレー・リーフ・スポット（いもち病）がありますが、適正な時期を選ぶことで最小限に止めることができます。早すぎる時期の播種は病害の危険が増大するので、夏の暑さがひと段落するまでは播種を避けるのが賢明です。

養生期間や損傷防止策

播種から利用開始まで3週間程度養生(利用禁止)します。芝生にとっては長く養生できると良い品質になりますが、できるだけ短くして芝生を利用したいということもあるため、専門家と相談して判断してください。冬の利用が多く損傷が予想される場合は、播種後1ヵ月後に目土散布を行います。損傷防止には、冬期間の不使用時期や、夜間の全面シート張りなども効果的です。

WOSのトランジション(春～夏の維持管理)

WOSした芝生を夏シバ(暖地型芝草)のみへ切り替える作業をトランジション作業といいます。トランジション作業は次のような要領で行います。

① 低刈り──・最初はそれまでの4/5の刈り高で開始し、徐々に夏シバの適正刈り高20mm程度まで落としていきます。
・開始時期は夏シバが緑化しはじめる4～5月が目安です。
・刈り高をそのままにし、週2回以上の刈り込みをすることでも対応可能です。

② コアリングとバーチカルカット──・穴あけと溝切り作業のことで、一般的には4～5月に実施します。
・冬シバ(寒地型芝草)を乾燥させ、夏シバの根や地下茎の伸長を促します。
・冬シバの密度を低下させ、間引き状態にします。

③ 施肥──・4～5月は夏シバが緑化してからは最小限にとどめ、鉄分補給などにより緑色を維持します。この時期に肥料を多くやり過ぎると冬シバが旺盛になりすぎ、トランジションが思うようにはかどりません。
・地温20℃前後(大型連休後)より暖効性の肥料を施し夏シバに養分を補給します。
・夏シバの優占度が60～70%になった時点(梅雨明け)で高濃度の窒素肥料を散布して、夏シバへの転換を促進します。

トランジション時の注意

薬剤散布は基本的に行いません。代替的な方法として液肥高濃度散布(濃度障害で冬シバを消すことを目的として)を実施するなどもあります。また、非常によくある失敗ですが、5～6月は、冬シバが非常に美しい時期であり、そのまま夏を越えられそうに見え、梅雨明け以降の猛暑で冬シバが急激に衰退することがあり、スケジュールを立てて切り替えていくことが必要です。5～6月に大きなイベントを行う、よく使うことで、スムースに切り替えることもあります。

Q.58 屋上を芝生化した場合の維持管理方法は。

A. 基本的には地上と同じだが、屋上ならではの注意すべき事項もある。

基本は地上と同じ

屋上の芝生でも、基本的な維持管理作業は地上と同じです。本書の記載事項を参考にして、灌水作業、芝刈り作業、施肥作業などを行います。作業頻度や作業スケジュールも、**Q.71**、および174～179ページの[**資料2**]を参考にしてください。

屋上で注意すべき作業項目

ただし、維持管理作業の基本は地上と同じでも、以下に示すような屋上ならではの注意すべき作業項目もあります。維持管理する屋上の芝生化の特徴をよく把握して、該当する項目があったら注意して作業を行ってください。

①灌水作業の頻度

風が強い日に芝生面の上から灌水作業を行うと、その水が飛散して地上に降る場合があります。周囲に迷惑がかからないように注意して行います。

また、屋上では土壌厚さが薄い場合があります。土壌の量が少ないと保水量も少ないため土壌が乾燥しやすくなるので、灌水頻度を多くする必要があります。7月下旬の梅雨明けから9月上旬頃までの暑い時期は、芝生の生育状況に注意して灌水してください。特にお盆は、休暇と最も暑い時期が重なるため、水不足で芝生が枯れる事故が発生しやすくなっています。

②排水孔の清掃

屋上には雨水を排水するための排水孔が設置されています。芝生の刈りカスなどで排水孔が塞がれてしまうと屋上に水が溜まり、雨漏りの原因になります。近年はゲリラ豪雨の発生が多くなっていますので、特に注意が必要です。芝刈り作業時には刈り芝を確実に収集します。芝生が枯れた場合は表面の土壌の流出も予想されるので、排水孔を定期的に点検、清掃することが大切です。

③エアレーションの深さ

屋上を芝生化する場合の土壌厚さは最大20cm程度で、建物の積載荷重条件によってはもっと薄い場合があります。そして、屋上面のコンクリートと土壌の間に防根シートが設置されています。エアレーションを土壌厚さより深く設定して行

うと、防根シートを破ったり、屋上のコンクリート面に傷をつけたり、エアレーション装置を傷めてしまう危険があります。土壌厚さを確認してからエアレーション作業を行うことが必要です。土壌中に点滴パイプを埋設している場合は、点滴パイプを傷めないようにも注意します。

④管理道具や資材の運搬

　地上用と屋上用の管理道具を共用する場合、管理道具を屋上まで運び上げて、降ろさなければなりません。上げ下ろしの作業は、人が持って階段の上り下りをするので、人手で運べる大きさ、重さであること、階段を通る大きさであることが必要です。目土などの管理作業用の資材も同じ配慮が必要です。

　階段の運搬作業は危険が伴うため、できる限り回数を減らす、軽くする、小さくするなどの配慮が大切です。

⑤管理道具や資材の保管

　屋上は地上より強風が吹くことが予想されます。管理道具や資材が地上に落下すると大変危険なので、道具や資材の保管は十分に気を付けなければなりません。

　管理道具や資材の保管方法に関してはQ.37を参照してください。なお、天気予報などで強風が予想される場合は、事前に管理道具や資材の収納状況を確認することが大切です。

写真1　屋上の芝生植栽（麻布グリーンテラスレイヤードステップガーデン）

写真2　屋上芝生の管理（国土交通省屋上庭園）

Q.59 芝生が剥げてしまったが元に戻せるか。

A.　植栽できる条件ならば十分に元に戻せる。

　芝生が剥げてしまった場合でも、植栽できる条件が整えば元に戻すことができます。復旧作業は、芝草の生育特性と植栽時期を選んで効率良く実施します。ここでは、できるだけ費用をかけないで校庭内のシバを利用した方法を述べます。

復旧作業前の確認と点検
　復旧作業の前に、剥げた原因を調べるとともに生育環境をもう一度確認します。
①Q.04の【表1】(初期設定の考え方)により、植栽環境が適しているかを見る。
②芝草の種類の選定が適正であるかを確認する。
③障害の多い場所や動線など、踏圧のかかる場所になっていないか、日照不足になっていないかなどを調べる。
④土壌が硬くなっていないかを点検する。
⑤散水は十分だったかを点検する。
　以上を確認し、必要であればできる限り改善します。原因がわかっても改善が無理なところは、芝生舗装でなく他の舗装を検討することも必要となります。

冬シバを元に戻す方法
　冬シバ(寒地型芝草)は株が集まってできていますので、なくなったところは生育期でもほとんど回復しません。復旧方法としては、以下のようになります。
オーバーシーディング——生育期の初秋と春に、芝の上から種を播きます。3～5葉期までは保護養生が必要となります。
移植——生育期以外の夏、冬では、ホールカッターや移植機具を用いて芝生の傷みの少ない場所からの移植を行います。移植した場所にオーバーシーディングして補修します。また、移植補修用のナーセリーをつくったり、ポットに補修用のものを播種してつくっておいてホールカッターなどで移植します。

夏シバを元に戻す方法
　夏シバ(暖地型芝草)は栄養繁殖で増殖するので、この利点を利用します。復旧方法

としては、以下のようになります。

移植──休眠期や生育の遅い12～20℃のときは、ホールカッターや移植機具を用いて芝生の傷みの少ない場所から移植します。移植した場所には、6月下旬～8月上旬に目砂の補充と施肥、水管理を行って再生させます。25℃以上の生育期も同様に芝を切り出し、約50cm間隔以下で補植する場所に植え付けます。バミューダグラスであれば、25℃以上の日が約1ヵ月続けば元に戻ります。養生中は立ち入りを制限し、施肥・水管理を実施します。ノシバ、コウライシバの場合には、植栽間隔を25cm以下にします。約2～3ヵ月あれば元に戻ります。

ポット苗の植え付け──6月下旬～7月上旬にポット芝生の挿し苗をつくります。利用の少ない場所から芝生を切り出し、ほぐしてつくりますが、児童・生徒や保護者・地域の人たちなどで行うと芝生に親しみがわきます。約1ヵ月でポットは発根して移植可能になるので、約50cm間隔以下で補植する場所に植え付けます。バミューダグラスでしたら、25℃以上の日が約1ヵ月で元に戻ります。養生中は立ち入りを制限して、施肥や水管理を行います。ノシバ、コウライシバでは植栽の間隔を25cm以下にします。約2～3ヵ月で元に戻ります。

芝生苗の植え付け──25℃以上の生育期になったら、補修地に鍬などで溝を掘ります。利用の少ない場所から芝生を切り出しほぐして、この溝に挿し苗を行い、苗の一部分が地上に出るようにして溝を埋め戻します。植栽の間隔は、バミューダグラスでは25cm以下、ノシバ、コウライシバでは15cm以下の幅で同様に行います。養生中は立ち入りを制限し、施肥と水管理を実施します。また、芝生を採取してきた場所の養生も同様に行います。

播種の併用──バミューダグラスは種子から発芽するものがあり、これらの品種を併用することもできますが、種代が必要になります。この場合は、発芽してからほふく茎が横に伸び出すまでやや期間が必要ですので、5月中に播種しておくとよいでしょう。

写真1 つくられたポット苗

写真2 ポット苗植え付け作業

Q.60 芝生に水溜まりができたらどうすればよいか。

A. 水溜まりの面積により改善工法がいくつかあるが、更新作業などをうまく組み合わせる。

　芝生は、排水不良など水気の多いところを嫌います。また水気の多いところは芝生が生育せず、裸地化して凹凸の原因となることがあります。そのため、校庭芝生化の計画段階で排水性の良い土壌(改良砂)に入れ替えるか、有効な暗渠排水の敷設を設計に組んでおくことが必要です。しかし、予算や環境などの問題から現土壌に改良材を混合しただけの土壌基盤の場合には、数年が経過すると、踏圧などによる固結や芝生のカス(サッチ)が堆積して排水不良となり水溜まりになることがあります。小さい面積でしたらエアレーションなどの更新作業で改善することもありますが、大きい面積では暗渠排水工事などが必要になります。

暗渠排水
　排水不良箇所を、バックホウなどで深さ30cm前後の溝を約2〜5m間隔に掘り、そこに有孔管を敷設し砂利や砕石、砂などで埋め戻して芝生を張り戻す方法です。この方法は大がかりで残土も多く発生し、また、埋め戻し材や工法によっては沈下して凹凸になることがあります。

スリットドレーン工法(サンドカーテン)
　専用の機械を用いて、芝生地に深さ約200mm、幅15mm前後で切り込みを入れ、そこに砂や土壌改良材を充填していく工法です。切り込みを入れる際に、同時にPCドレーン(毛管を利用した新しい排水システム)を敷設して排水性を向上させるやり方もあります。この工法は施工後の仕上がりがきれいで、残土の発生がほとんどなく凹凸が目立ちません。PCドレーンを敷設した場合、末端を排水桝などに接続する必要があります。

サンドキャップ工法
　床土壌が校庭の既存土壌を使用したりして排水が悪い場合、排水性の良い目砂を短期間で厚く敷設することにより砂の層をつくり、排水を改善する方法です。こ

の工法では、1回10〜20mm厚の目砂の敷設を生育期に数回行い、100mm前後の砂の層をつくることによって排水層を設けます。陸上競技場の芝生部分は数年でウレタン部分より数cm高くなりますが、その現象を短期間で人為的につくる工法です。排水性の良い砂代や施工費など、短期コストが高いことがネックとなります。

更新作業

　小面積の場合には、ハンディエアレーターなどで穴あけを行って改善することもできます。深さ20cm以上の穴あけには、特殊な機械を用いて行うドリル工法があります。床土壌が砂質の場合は、表層の固結やサッチ層の除去を行うことを目的とした10〜15cm程度のエアレーションや、深さ約15〜20cmの切り込みを入れながら振動を加えて土壌をほぐすシャッタリングが有効的です。

　芝生の根の活性化や老廃物の除去などを目的とした機械を活用することによって改善する方法もあります。この作業を更新作業の時期に合わせて行うと、芝生を活性化させて擦り切れや乾燥害に丈夫な芝生をつくるとともに、排水を改善させる効果が得られます。

　ただし、これら更新作業による改善の場合は、いずれの工法を選んだとしても一時的な排水の改善にすぎず、固結が進むとともにまた排水不良が発生します。また、暗渠排水やスリットドレーン工法、サンドキャップ工法を行うと永久的に排水が良くなるといった誤解もありますが、踏圧による固結やサッチ層の体積など経年劣化は発生します。土壌調査を行って土壌の状態をよく把握し、更新作業などをうまく組み合わせていくことが大切です。

　雨上がり後に水溜まりマップを作成し、降雨量による耐水時間や経時変化を調べておくことも重要になります。

写真1　スリットドレーン（溝の表面と断面）

写真2　ドリル式の機械による穴あけ作業

6章

芝生の管理運営

Q.61 芝生を維持するための管理組織づくりはどのように行うのか。

A. 学校、地域、自治体などと協力関係がとれるような組織づくりを目指すことが大切。

管理組織づくり

校庭芝生を維持するためには、もちろん管理作業(メンテナンス)が重要ですが、それ以上に運営(マネジメント)を行う管理組織をつくることが重要です。学校は地域と密接な関係にあり、校庭の芝生は、地域の芝生でもあると考えられます。

校庭の芝生化は、1970年代にも第1次芝生化ブームがあり、新設校も含めて数多くの学校が芝生化を導入しましたが、維持管理体制を構築できない問題から芝生が減少したといわれています。その対策として、地域、自治体と連携を図り、協力し合える体制をつくることをお勧めします。はじめに、芝生の維持管理を行う運営委員会の設立の検討を行います。この運営委員会設立に際し重要なのは、組織を中心的にコントロールする役割を担う事務局が必要不可欠であることです。この事務局の形態を大きく分類すると2つに分けることができます。

①**学校中心型**――教職員や保護者(PTA)が中心となって運営管理を行っていく方法です。利点としては、常に芝生の状況が把握できるため敏速な対応が可能です。また、環境教育(食育)の取り組みとして授業やクラブ活動にて児童や生徒に体験させることもできます。ただ、選任された教職員の異動やPTAの代替わりなどで技術や知識の継承は難しく、モチベーションが低下する恐れがあります。

②**地域中心型**――放課後や休日に校庭を利用する団体や地元の企業や近隣に住む園芸ボランティアが中心になって維持管理を行っていく方法です。地域差はありますが、定期的にある程度の人数が確保でき、地域に芝生化を定着させるには有効です。ただ、各団体をまとめることができるリーダーが必要であり、学校とも綿密な連絡をとって管理調整を行わなければなりません。

管理組織の役割

運営委員会は、年間の管理作業工程や養生期間、安全確保を検討し、芝生の維持管理計画を立案することが重要です。そのうえで、学校行事や校庭利用方法の調整を行い、維持管理に必要な人員や管理予算を作成し関連団体と協議することをお

勧めします。

また芝生を利用したイベント企画や外部への情報発信として広報活動も視野に入れた組織の体制を検討することが大切です。

運営委員会は、維持管理計画をもとに自治体（行政）と協議し、委託契約している専門業者の指導により安全面を含む維持管理を行っていくことが望ましいです。

成功する管理組織

管理組織を機能させるためには、芝生化の運営に携わってもらえる人に楽しみを打ち出すことが秘訣です。下記の点を参考にして常に多くの人が関わりたいと思わせるような体制づくりを検討してみてはいかがでしょうか。

①**地域交流**——普段学校のイベントに関わることができない父親を中心に保護者の交流の場を増やすことで、さまざまなアイデアが生まれるかもしれません。また、ネットワークの形成を通じて、他校の芝生管理組織との情報交換を行うことで幅広い知識の構築にもなるでしょう。

②**インフラの充実**——作業効率化を図るためには、必要最低限の管理機械は購入してもらう必要があります。また維持管理にかかる資材購入費や運営を行うための必要な資金は確保するべきです。

③**専門家の評価**——せっかく良い状態で校庭の芝生を維持していても、誰からも評価を得られなければモチベーションが低下してしまいます。見学会を開いて地域の方に親しんでもらったり、専門家が運営を含めた校庭芝生の状態を評価してあげることが重要です。

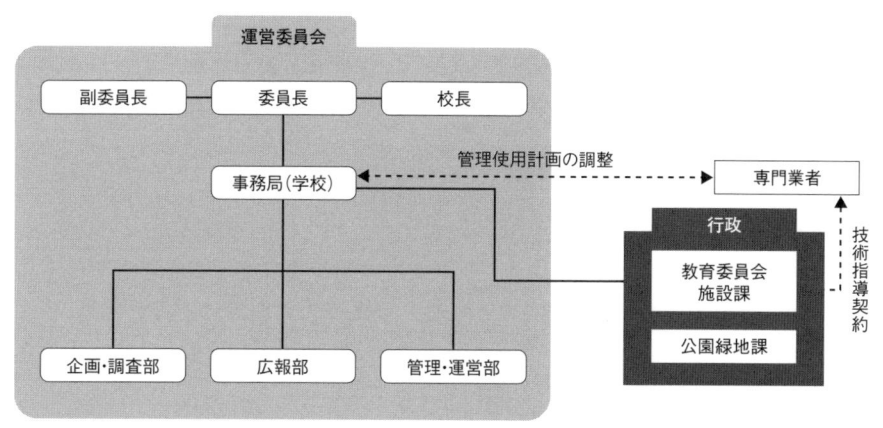

図1　組織図の例

Q.62 維持管理組織での具体的な仕事とは。

A. 芝生管理、企画の立案と実施、広報が大きな仕事。
とりまとめ役として事務局も必要。

芝生を維持管理する作業時間

　学校の事情にもよりますが、週1回1時間以内で集まった人々での活動という形はよく見かけます。また、学校と話し合いの場をもったり、安全講習や企画会議なども行われます。
　実際の維持管理作業の一例としては、集まったとき、まず、ごみなどが落ちていないかの確認作業、その後、芝刈り、施肥を行い、補修作業などを実施します。このとき、安全作業見回りと記録係を置いて、安全の確保と記録の充実に努めます。作業後には用具を洗浄し片付け、散水を行います。散水はスプリンクラーで行うため、大きな手間はかからない場合が多いようです。

維持管理組織の組織構成

　保護者・地域ボランティア型や混合型の維持管理組織では、決定を行う全体会議と事務局、維持管理委員会、広報委員会、イベント委員会などを置きます。
　維持管理組織をあまり細かく分けずに、晴天時は芝生管理を行い、雨天の場合はイベント企画や広報の作成というような形で、作業スケジュールを見ながら都度グループを形成している場合もあります。その場合でも、ある程度の役割分担は必要になります。

芝生管理部

　芝生維持に関しては、グリーンキーパーという形で責任者を置く場合が多く見られます。グリーンキーパーを中心に、芝生の維持管理作業の内容を定め、スケジュールを立案し、実施します。集まれる人数や天候を見て作業を行うことができるよう、いくつかの作業メニューが選択できるようにしておくとよいでしょう。
　また、専門家に話を聞いたり、勉強会などに参加するなど、維持管理技術を習得し、後継につなげていくことも大事です。

企画部

　芝生の上で行うイベントなどを企画・運営して、芝生を愛する気持ちを育てます。地域や学校外への保護者のつながりを利用する形でコンサートや野点(のだて)、映画鑑賞会やバザーなどを行っていくケースが多いようです。維持管理組織には毎年新しい参加者がありますので作業体験会や安全管理講習なども企画します。専門家を招いて実習を行っている学校もあります。

広報部

　芝生に関連する広報活動を行います。作業内容を学校の掲示板や「○○小学校芝生ニュース」「しばふ通信」といった広報を出して告知します。インターネット上で芝生についてのページをもっている学校も少なくありません。芝生に興味をもってもらうことで、次の世代の維持管理運営者、ボランティアを集める役割を果たします。

　また、維持管理記録を取りまとめることも重要な作業です。1年を通じて作業やイベントの写真などを取りまとめ、CD-ROMなどで配布するようなことも行われているようです。

事務局

　学校や校庭利用団体との連絡、話し合いのスケジュール調整や予算の管理を行う、とりまとめ役です。事務局を教職員で兼任する場合も多いようです。そのほか、雨天時などに作業中止の案内をする(連絡網の整備)、作業休憩時の給水やお茶の準備、他の芝生校との連携(情報交換や見学会など)などがあります。

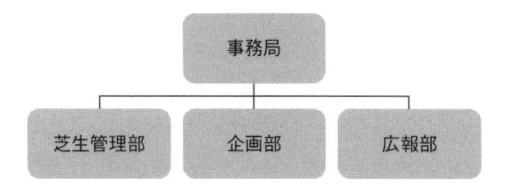

図1　維持管理組織形態の例

表1　維持管理組織の役割分担

部局	役割
芝生管理部	芝生の維持管理、維持管理計画、実効案の作成、実施
企画部	イベントの企画運営、安全講習、芝生体験などの企画運営
広報部	広報や掲示板、ウェブサイトを使った情報発信、記録の整備
事務局	学校との連絡、スケジュール調整、全体会議の調整役

Q.63 維持管理組織を運営するポイントは。

A. 参加者個人に過大な負担がかからず、無理なく継続できるよう工夫し、主体的に参加してもらえるような体制を整える。

　芝生の維持管理体制は地域の実情によりその構成や参加の方法や形態はさまざまです。一般的には、学校が事務局を行い、保護者有志が中心となって活動しているケース(混合型)が多いようです。参加者個人に過大な負担がかからず、無理なく継続できるような工夫が必要です。

管理運営でのよくある失敗
　芝生維持管理組織の運営のなかでのよくある失敗として以下が挙げられます。
① 教職員の異動、児童の卒業で保護者内のリーダー的存在がいなくなる。
② 学校の芝生に対する方針が変わり、予算が不足してしまう。
③ 組織づくりの時点で地域や利用団体などの利害対立をもち込んでしまう。
④ 維持管理技術が継承されずに、技術レベルが低下してしまう。
⑤ 少数のメンバーに過度の負担がかかってしまう。
　これらの問題に対するそれぞれの対応策としては、
① 維持管理組織を定期的に若返らせ、後の世代にしっかり引き継ぎを行ったり、常に次のリーダーを育てる意識をもつ。
② 学校側から芝生を大事にする気持ちを盛り上げる。記録を取り、実績を積み上げ、芝生の魅力をアピールできるようにしておく。
③ 対立をもち込まないよう、開始時にしっかり話し合い、ルールをつくるなどの調整を図る。
④ 維持管理技術の講習会を開いたり、学校ごとの技術マニュアルを作成。専門家へ助言や指導を求められる体制をつくっておく。
⑤ 作業頻度と作業量を調整して負担を減らし、作業分担を輪番制にする。比較的少人数で可能な通常作業と大人数が必要な場面を分け、場面ごとに人を集める。
　などがあります。

うまくいく維持管理組織

　機能する維持管理組織は、芝生の維持管理を一部の人の役員活動や、勤労奉仕とせず、負担ではなく楽しみを前面に打ち出すことが秘訣です。維持管理組織をうまく機能させるには、次のような点に注意する必要があります。

広く地域や行政の参加を求める──多くの人に「自分たちの芝生」と思ってもらうことで協力が得られやすくなります。

管理機材を整備し、作業負担を軽減する──エンジン付き芝刈り機などを利用し、作業効率を図ります。機械類の使用には、父親の参加を促し、保護者の交流と協力につながります。

専門家のアドバイスを受けられる体制をつくる──適切な指導や判断は、費用や時間の無駄を省くことになります。また、知識や経験不足からくる不安もなくなる利点があります。

見学会や講習会を開催する──他校の事例を見たり、他者に話をしたりすることは、よい刺激になり、モチベーションの維持につながります。

必要な規約

　維持管理組織を形成するにあたり、運営規約をつくることをお勧めします(180ページ[**資料3**]参照)。規約を制定したうえで、リーダーを決め、維持管理に関する話し合いを定期的に行えるとよいでしょう。そうした話し合いのなかで、必要な維持管理内容やそれに対応した活動計画を参加者の合意のもとに進めていくことが大事です。

　また、維持管理を行うには、芝生の知識が必要です。東京都や大阪府などでは、ボランティアが芝生の維持管理を行うことを支援することを目的として、維持管理のマニュアルや講習会などを開催していますので、こうしたものを活用するとよいでしょう。さらに、芝生の専門家による芝生の状態の診断、維持管理機材の使い方や手入れの仕方など実践的なアドバイスがあるとよりよいものになります。

リーダーに求められるもの

　維持管理組織のリーダーに求められることは、作業に参加される人々の意見をとりまとめることです。教職員や教育委員会に対し、要求をしていくということではなく、協力する、肩代わりするという姿勢を保つことが大事です。

　教職員、とくにボランティア活動の学校側窓口になる校長先生や教頭先生(副校長)は学校業務で多忙です。芝生の維持管理活動について、さらなる負担を求めるのはなく、なるべく小さくする方向での努力が求められます。こうしたことに配慮することで良好な維持管理組織の運営ができるでしょう。

Q.64 安全管理の注意点は。

A. 事故を起こさないのが第一だが、万一を考え対策を立てておく。

　幸い、これまで校庭の芝生化では大きな事故が起こったという報告はありません。しかし、もしも大きな事故が起こってしまった場合には、その学校だけではなく、その地域、あるいは全国の芝生化に大きな影響をおよぼすことも考えられます。事故を起こさないよう日々の安全管理と対策をあらかじめ用意しておくことが大切です。

作業全般での安全管理
安全チェックリスト——芝刈りや苗植えといった作業に入る前には、作業内容の説明・注意事項の確認・用具の点検などしっかり行う必要があります。児童・生徒が作業を行う場合には、常に目が届く場所で大人が見守るようにしましょう。安全をチェックするシートなどを用意して、作業ごとに記録をつけるようにします。管理作業記録表の例を172ページの[**資料1**]に掲載していますので、参考にしてください。
服装——服装は動きやすい軽装でかまいませんが、軍手や保護具をつけ、帽子をかぶって作業しましょう。サンダル履き、ハイヒールなど不安定になりやすいものは避けましょう。
芝生の見回り／ウォークアウト——芝生の維持管理作業をはじめる前は、周囲を歩き回って不具合や異物がないかをチェックします。木の枝や石などは芝生の上から撤去しましょう。
用具の保管——作業で使用する芝刈り機や更新用スパイクなどの機材や肥料、ガソリンなどは用具保管庫に保管されています。勝手に持ち出したり、中に入って遊ぶなどがないように管理しなくてはなりません。責任者を決め、必ず施錠します。また、目砂購入の際には、小石など異物の混入がないかを確かめることも必要です。
適切な休憩と夏場の水分摂取——夏の作業の熱射病、熱中症対策として、適正な水分補給と休憩を実施し、帽子の着用を行います。通常は1時間に1回、夏場は30分に1回程度休憩して、水分を採る機会を設けます。

機器の点検と起こりうる事故

　芝刈り機を使う際には開始前に必ず点検を行います。扱う場合には、刃のついた機械を使うという意識をもち、ふざけないという心構えと注意が必要です。エンジン式芝刈り機は、特に大きな事故につながる可能性が高いので注意が必要です。手押し芝刈り機などでも、不注意に刃に触らないことや、十分な手入れをするなどが大切です。

　起こりうる事故としては、芝刈り機で手を切る、エンジン式芝刈り機で熱くなったエンジンに触ってしまう、飛石に当たるなどが考えられます。更新用スパイクで自分の足を傷つけてしまう可能性もあります。目砂に小石や大きな貝殻などが混じっていた事例も報告されています。

安全ルールづくりと講習会の実施

　皆で安全のためのルールづくりを行います。保護者ボランティア型の維持管理では、新年度の4月には新しい人が加わるので、安全講習会を定期開催します。新しい人が維持管理作業に加わる場合や、新しい作業に取り組む場合には、ベテランの方から指導を受ける体制をつくり、その学校での安全作業マニュアルや説明用のボードを作成しておき、活用するとよいでしょう。

ボランティア保険

　十分な安全管理のもとに維持管理作業を行うのが基本ですが、万一に備えて保険に加入しておくことはとても大事です。ボランティアで維持管理を実施する場合には必須のものと考えてください。

　ボランティア保険は大きく2つに分けられます。1つはボランティア活動保険で、ボランティア活動中にボランティア自身がケガをしたり、他人のものを壊してしまったりなど、ボランティア活動中の賠償事故を幅広く補償します。通常、1年間で保険をかけます。もう1つはボランティア行事用保険で、行事ごとに保険をかけるものです。活動メンバーが決まっているのであれば、ボランティア活動保険のほうが割安で済みます。PTAの当番制など不特定多数が作業に関わる場合は、ボランティア行事用保険で対応するのもよいでしょう。

　申し込み方法として、損害保険会社でもボランティアなどの活動に関する補償保険が発売されていますが、各地の社会福祉協議会や各自治体が窓口となるケースもあります。お住まいの自治体に問い合わせてください。

Q.65 管理記録は必要か。

A. 管理記録を残すことによって次世代の資料となり、次年度の管理計画作成にも役立つ。

管理記録の必要性

校庭芝生の管理を行う先生や保護者は、移動や生徒の卒業などにより入れ替わっていきます。そのために芝生に詳しい人がいなくなって、管理の方法などが受け継がれないケースがあります。管理記録を詳しく残すことで、この時期はどのような管理を行っていたのか、どのくらいの頻度で芝刈りや肥料散布を行っていたのか、肥料の量はどのくらいだったか、何人くらい集まれば管理作業が何時間くらいで終了したかなど、いろいろなことが読み取れます。

記録から作業人数や作業項目や作業量を求め、かかった費用を集計します。作業日報を1年間で集計して月ごとにまとめると、月ごとの作業回数や肥料の散布量がわかり、計画との差異、次年度の計画への反映が容易になります。また、毎年の集計から年ごとの比較などもできます。

管理作業記録表の例を172ページの[資料1]に掲載していますので、参考にしてください。

記載する内容

記載内容は【表1】を参考にして下さい。そのほかには、梅雨入りや、梅雨明け、初霜、積雪なども記録しておくとよいでしょう。

【表2】には、植物の開花などと芝生管理作業の目安を示しました。芝生を管理するタイミングは、こうした生物カレンダーとも連動していることがわかります。

写真撮影

作業前と作業後の全景や、作業風景、芝生の変化などを撮影して整理しておくと、過去の同時期にどうだったかなどがわかります。また、作業後に集合写真を撮影し、ウェブサイトやブログに掲載している学校もあります。

子供たちの成長記録を兼ねて週1回などのペースで、芝生の上での児童の活動の写真を撮っておくと、卒業アルバムなどにも使え、芝生の生育の記録にもなります。

管理作業出席者名簿

　管理作業に参加した人に氏名を記入してもらい、ケガや事故をした場合の保険加入の適用などに利用している学校もあります。

表1　管理記録の記載事項と留意点

① 作業年月日
② 天気（気温なども計っておくと、気温の変化と芝生の生育がわかる）
③ 作業時間（「夏季は気温が上がる前の早朝に作業した」ことなどがわかる）
④ 使用した機械・機器・芝刈り機（自走式、ハンドモア、肥料散布機のそれぞれの台数など）
⑤ 使用したガソリンなどの量（記録しておくと年間の使用量や費用が把握できる）
⑥ 集まった人数（大人と子供の人数に分ける）
⑦ 芝生の刈り高（芝生を刈った高さを記録）
⑧ 作業内容（芝刈り、除草、肥料撒きなどと分け、それぞれの作業人数も記すとよい。ほかに散水（時間）の有無など）
⑨ 芝生の刈カスの量（「90ℓのごみ袋で○袋」など。刈カスの多い時期は芝刈りが大変で時間がかかる）
⑩ 使用資材の数量（肥料の量（袋数）や商品名、目砂の量など）
⑪ その他気がついたこと（芝生の変化やキノコ、病気、虫の発生など。また、周辺樹木などの様子（モクレンや桜、ツツジ、ヒガンバナ、キンモクセイなどの開花）は、芝生の管理作業を行ううえで指標（更新作業の時期や施肥のタイミング）となることがある）

表2　植物の開花などと芝生管理作業の目安

植物名（生育のタイミング）	開花・紅葉の平均温度	芝生管理作業の目安
ジンチョウゲ（開花・香り）	8℃	冬シバの活動が再開される。追播作業。施肥準備
モクレン、コブシ（開花）	9℃	同上
スミレ（開花）	10℃	夏雑草の発芽が始まる
ソメイヨシノ（開花）	12℃	夏シバの休眠が解け活動が始まる。施肥の準備
アジサイ（開花）	21℃	夏シバが生育旺盛になる。冬シバのトランジションを完了させる
ヒガンバナ（秋の開花）	24℃	夏シバの旺盛な成長が衰え、徐々に生育が遅くなる。冬シバの暑さによる生育阻害がなくなり活発な生育を再開させる。また、WOSの時期となる。冬・春雑草の発芽が始まる
キンモクセイ（開花・香り）	20℃	冬シバの播種（WOS）の最終適期
イチョウ（紅葉）	8℃	夏シバは完全に休眠に入る。冬シバの生育も寒さのため止まる

注　東京・府中地区での観測をもとに山田茂秋作成

Q.66 芝生診断の方法を教えて。

A. 日照、芝生の状態、土壌の状態などを観察して記録をつける。

目視による芝生の観察

　目視での観察は芝生の状態を知る最も重要な判断材料です。草種、被覆率、葉色、芽数、病虫害やしおれが出ていないかといった芝生そのものの観察とともに、雑草の発生、水はけ、土壌有機物の状態、土壌の固さなどもオンサイトの観察でおおよそ判断可能です。的確な判断を行うには、草種や標準的な生育状況を把握しておきます。芝生化校庭の状態を把握するために、日常管理に関わる人たちで交互に写真と管理記録を取ることを勧めます。芝生の状態が悪くなった場合でも、それに至るまでの写真や管理記録があれば、状態の推移から大まかな判断は可能になります。

日照時間・使用草種・品種

　日照は芝生の生長、密度に大きな影響を与えます。校庭の場合、春分・秋分の日照時間が最低でも6時間以上、できれば8時間以上欲しいところです。草種は目視によって概ね判断できますが、品種は容易に判断がつきません。造成時、播種時に記録をとっておきます。草種と品種は、見た目の美しさのほか、発芽までの期間、休眠温度、成長の速さ（回復力）、擦り切れ抵抗性、耐陰性、耐暑性、耐寒性、耐病性、耐虫性、雑草侵入抵抗性、管理の容易さなど多くに影響します。

葉色

　葉色は施肥の判断に重要です。葉色に一見して大きなムラが出てきたら施肥時期となります。葉色のムラの原因が施肥ムラに起因する場合もよく観察されます。まれに微量要素の養分欠乏などが見られる場合がありますが、葉の観察だけでは判断は困難なため、施肥記録や土壌化学性なども併せて考える必要があります。

被覆率・クッション性・土壌硬度・密度（芽数）

　校庭の芝生は被覆率とクッション性が重要です。被覆率は生育条件および、損耗と芝の回復力とのバランスに依るもので、目視でおおよそ判断できますが、季節変化が顕著なため、少なくとも年4回程度の観察が必要です。

芝生のクッション性は土壌の固さとターフの厚さが関係し、クッション性が高いとダスト舗装に比べて利用者のケガが半分程度まで減少するといいます。クッション性は現場を歩いた感覚で判断します。しっかりした芝生は硬さを保ちながらもクッション性があり、ターフが厚く感じられます。芝生の密度(芽数)が低いとクッション性がなく、回復力も低く、裸地化しやすい傾向がありますが、夏前に密度があまりに高いと病害発生の危険が増加するので注意が必要です。

根量・根長・土壌断面・土壌透水性

根量と根長は、ソイルサンプラー(板状の土壌をぬきとる器具)などで一部を採取し洗浄して観察します。このとき土壌の状態も観察します。夏シバ(暖地型芝草)が夏に向けて回復するかどうかを判断する際には、地下茎の太さ、密度、充実度を見ます。健全な夏シバであれば地下茎を切ってみると白くみずみずしい断面が観察でき、冬シバ(寒地型芝草)は白い根が多数あるのが観察されます。造成時に十分な透水を確保していても、土壌が締め固められ、刈りカスの蓄積、目土による成層*1が発生するなどで透水性は経年劣化していきます。芝草生育と校庭利用からは、排水が良く停滞水のない土壌が望ましく、これを簡易的にチェックするには降水時の排水状況を観察します。表面排水がどこに向かい、水溜まりがどこに、どの程度形成されているかを把握します。芝生化校庭では透水速度として通常100mm/h以上は確保したいところで、50mm/hを切れば危険ラインです。

土壌化学性・土壌有機物含量

芝草は草種により土壌pHへの反応が異なり、コウライシバの場合は比較的広範囲な土壌pHで生育が維持されますが、ティフトンではpH8.0を超えると急激に生育が衰えます。土壌の有機物含量は透水性に影響し、過剰な場合、フェアリーリング病などの発生につながることがあります。

病害・害虫・雑草

季節により発生病害・虫害は決まっているので、日常の観察で発生をチェックします。適切な管理を行っていれば農薬散布はしなくてもよい場合がほとんどです。うまく設計された芝生では雑草はあまり発生しません。雑草が発生しやすいのは、利用人数に対して広い面積があり、概ね15㎡/人以上の広さを持つ場合です。利用頻度、刈り込み頻度、施肥頻度を上げることで多くの雑草は消失します。診断の際には、巻末資料の「管理作業記録表」を参考にしてください。

注　*1 成層……粒径の異なる土壌が重なり、層をつくること
参考文献　日本芝草学会編『最新 芝生・芝草調査法——利用計画／環境適性／生育／管理における診断と評価』(ソフトサイエンス社、2001年)

Q.67 維持管理費用はどのくらいかかるか。

A. 経費は主に水や消耗品代、メンテナンス費用、業者に委託する専門的作業など。

維持管理にかかる費用と内訳

　芝生の維持管理にかかる主な費用として、水道代、肥料代、目砂代、ウィンターオーバーシーディング(WOS)の種子代、更新作業代、エンジン式の芝刈り機などに使うガソリン代、維持管理機材のメンテナンス費用、ボランティア保険料などが挙げられます。

　水道代を除いて、年間で、バミューダグラス、ノシバなどの夏シバ(暖地型芝草)だけの場合は、業者委託の場合、1,000㎡当り80〜100万円程度、ペレニアルライグラス、ケンタッキーブルーグラスなどの冬シバ(寒地型芝草)を併用する場合は、1,000㎡当り120〜150万円程度の費用がかかっているケースが多いようです。ボランティアが活躍する場合には、作業にかかる人件費は圧縮できますが、消耗品や専門的な作業については、どのくらいかかるのかを把握し、予算化することが大事です。

　費用のうち最もかかるのが水道代で、通常、学校ないしは自治体の負担となる経費です。芝草の種類や地域の気候によっても必要な水の量が異なってきますが、1,000㎡の芝生に対し、1mm散水する場合の水の必要量は1㎥です。真夏には1日に5〜10mm程度散水しないと間に合わない場合があります。専門家と相談し、年間の散水計画を策定して、そこから年間に必要な水の量と水道料金の概算をしておくことを勧めます。なお、芝生化することにより、冬季の飛砂防止を目的とした散水がなくなりますので、年間を通してみれば水道料金が著しく高くなることはないようです。

　維持管理に必要となる主な消耗品を【表1】に、このうちの肥料や種子、目砂の必要量と価格の目安を【表2】に示します。

　メンテナンス費用としては、①芝生管理機械類の保守点検費(定期点検)、②芝生管理機械類の修理費(点検によって不具合の見つかった部品の交換や故障箇所の修理、芝刈り機の刃の研磨費など)があります。

専門的な作業について

　エアレーションや目砂散布、これらの作業が付随するWOSなどの専門的な作業は、芝生の面積が広い場合、ボランティアのみで行うには困難な側面があります。特にエアレーションは、コアリング機のような専門機材があると格段に楽になります。また目砂散布作業も、一様にムラなく散布するためには、目砂散布機を使うのがベターです。これらの機材を学校単位で保有するのはかなりまれなことで、基本的には専門機材を有している専門業者に委託するか、品質をある程度あきらめて自分たちで行うかのどちらかが多いようです。

　これらの作業は、面積や資機材の運搬距離などに左右されるため、個々のケースで費用が異なってきます。したがって、これらの作業を専門業者に委託する場合の見積りを計画段階で取っておき、予算化しておく、あるいはそれらに頼らないように済む体制と機材を揃えておくことが大切です。

表1　主な消耗品

①管理用資材	肥料、砂（目砂用）、薬剤（必要な場合）など
②管理用具類	手袋、スコップ、バケツ、箒、チリトリなど
③管理機械用品	燃料（ガソリン、軽油）、オイル、工具類、消耗部品（芝刈り機の刃）など
④光熱費類	水道代（芝生散水）、電気代（散水設備）

表2　主な消耗品の必要量と価格の目安

消耗品	必要量	おおよその価格
農業用化成肥料	1,000㎡当り約40kg/月（窒素8%のもの）	2,000～2,500円/20kg
芝生専用肥料	1,000㎡当り約30kg/月（窒素10%のもの）	3,000～10,000円/20kg
冬シバ種子	1,000㎡で30～40kg	20,000円前後/22.5kg
目砂	1,000㎡で3㎥（3mmで散布した場合）	8,000～12,000円/㎥

Q.68 校庭芝生化の費用や技術を支援してくれるところはあるか。

A. 資金は行政による補助や公益事業による援助が、技術支援は自治体や団体・企業によるものなどがある。

　費用の負担先は教育委員会や学校であるケースがほとんどですが、場合によっては一部の経費をPTA会費から捻出しているケースもあります。芝生化に先立って確認しておくとよいでしょう。特に、維持管理に移行した後の管理用資材や管理用具類などの消耗品については、その費用負担を教育委員会や学校、ボランティアのどちらで行うかについて、事前に調整して役割分担を明確にしておくことも大事です。

校庭芝生化事業に関する資金援助の仕組み

①行政による補助
　文部科学省の「安全・安心な学校づくり交付金」における「屋外教育環境施設の整備」、文部科学省・農林水産省・経済産業省・環境省によるエコスクールパイロット・モデル事業、東京都、大阪府、和歌山県、鳥取県などの自治体による補助があります。補助の内容はさまざまですが、芝生だけでなく、スプリンクラーや土壌改良、維持管理機械にも使える内容となっているケースがあります。東京都や大阪府では芝生化事業だけでなく、維持管理に関する補助もあります。
　補助内容、補助限度額については、各官庁、各自治体の教育委員会などに問い合わせてください。

②公益事業による援助
　公益事業による資金援助については、サッカーくじtoto（独立行政法人日本スポーツ振興センター）が行うスポーツ振興くじ助成があります。ただし、地域のスポーツ活動に供することが前提となっています。また、芝生の新設だけでなく改設や維持管理に関する資金援助もあります。
　日本スポーツ振興センターのウェブサイトにスポーツ振興くじ助成金の案内があります。公益財団法人高原環境財団も環境緑化・環境学習の支援を行っています。詳しくはそちらを参照してください。

③民間企業による補助

　民間企業や団体も、校庭芝生化を応援しています。あるビール会社では校庭芝生化のモデル校などに商品の売り上げの一部を寄付しています。静岡県の石油会社では、給油量に応じ社会貢献費用を拠出する仕組みをつくっています。

技術支援の仕組み

①校庭芝生化を推進している自治体

　今日の校庭芝生化の補助制度では、維持管理についてボランティアが実施することを前提とした仕組みになっていることが多くあります。1970年代に校庭芝生化が推進されましたが、児童・生徒1人当りの校庭面積が小さいなど、芝生に対する負荷が大きい学校では、多くが失敗しました。これは基盤整備や維持管理技術の普及啓発が十分ではなかったこともありますが、維持管理が、忙しい校長先生や教頭先生に任されてしまったことも原因の1つです。

　ボランティアによる維持管理が前提となっている関係上、校庭芝生化を推進している自治体の多くで、維持管理マニュアルが発行されていたり講習会が開催されています。こういったものを活用されるとよいでしょう。

②専門家（団体）

　維持管理上の疑問や悩みなど、維持管理組織だけでは解決できない事項に対しては、専門家の活用が有効です。

　校庭芝生化を支援している団体、例えば、日本芝草学会校庭芝生部会、財団法人都市緑化機構、神奈川県公園協会アマチュア芝生管理教室、長崎市芝生管理教室、21世紀校庭芝生研究会などに校庭芝生化に関する専門家が多くいます。詳しくは**Q.70**を参照してください。

③企業

　芝生専門の会社などのウェブサイトには、芝生の維持管理に関する解説書などが掲載されているケースがあります。維持管理機材の使い方のビデオやメンテナンスの仕方が紹介されているケースもあります。

　また、東京都が運営する「芝生応援団」のように、校庭芝生化を支援する企業がリストアップされているケースもあります。維持管理用品の補助や社員による維持管理活動の参加など、企業により支援内容はさまざまです。

Q.69 管理作業に失敗したときの対策は。

A. 以下のとおり。一度、管理作業に失敗するとその影響が長く残ることもあるため、ここでの失敗事例をよく参照のこと。

芝生の軸刈り――「一度に刈り込んでしまった」

芝生の軸刈りは降雨などで管理作業ができずに、次の管理作業までの間に伸びてしまった際、芝刈り機の刈り高を確認、変更せずに行った場合によく起こります。

芝生がいつもより長く伸びているなと感じたらその長さを確認してください。芝生の長さの1/3以上を一度に刈り込むと軸刈りになり成長に影響を及ぼします。詳しくは**Q.39**を参照ください。

刈る高さがわからないときは、端の方で試し刈りをしてから作業を行うとよいでしょう。刈り高の変更は、すべての機械を同じ高さに変えてください。軸刈りをすると一時的に茶色くなりますが、生育期であれば時間はかかるものの少しずつ緑が回復してきます。その間は過度の踏圧は避け、散水をこまめに行います。

肥料の散布ムラ――「肥料をこぼしてしまった」

肥料の散布ムラは、散布機のキャリブレーションの間違った設定、散布する幅やまっすぐに走行しなかったことによる肥料の投下量の違いによって起こります。

この散布ムラによって、緑度の違いや、生育差が生じます。散布量の少ないところは生育が遅く淡い色になり、肥料の多いところは生育旺盛になり濃い緑に、多すぎると濃度障害を起こして枯れることもあります。詳しくは**Q.42**を参照ください。

肥料の散布ムラが発生した際は、肥料の投下量の少ないところへ肥料を追加で散布するとよいですが、細い筋状のムラが生じることが多く難しいです。次の肥料散布時に肥料ムラが筋状に生じた状況に対し、直角に交差するように散布すると、散布ムラが少し改善されることがあります。散布ムラの跡は、長く残ることが多くあります。散布機に肥料を入れる際に芝生の上にこぼしてしまったり、肥料散布機のレバーを歩き出す前に開き、出だしの肥料を多く撒きすぎてしまった場合、回収できる肥料は、箒などで回収して可能な限り散らばせ、その後たっぷり散水してください。散布機に肥料を入れる際は、芝生の外で行う方が安全です。

種子の播きムラ——「散布機をうまく操作できなかった」

種子の播きムラも肥料の散布ムラと同様の原因で発生することがあります。

散布前に、肥料散布機のキャリブレーションを行うことや、まっすぐに歩くことが不安な場合は、ひもやメジャーを張り、その上を等間隔に散布することをお勧めします。また、散布の途中で止まってしまったり、種子がなくなったりすると、その場所で播きムラが生じることがあります。端から端まで散布できる量の種子を散布機に入れておくことが大切です。

種子の播きムラも筋状に生じることが多く、あとでその場所だけに種子を投下することは非常に難しいです。また肥料ムラのように直角に交差するように散布すると、多く撒いたところが芽数が多くなり過ぎることがあります。

作業は大変ですが、種子の投下量が少ないところへ種子を播いて補修します。一度播きムラを起こすと次年度の春まで影響を及ぼすので、注意しましょう。

自動散水の設定ミス——「作動状況を確認していなかった」

夏季の乾燥が激しい時期に、自動散水設定のできる設備のある施設でよく起こる事例です。自動散水にタイマーセットしてあるので早朝散水をしているものと過信してしまい、実際は受水槽が渇水して散水量が少なかった、スプリンクラーが正常に回っておらず、その部分が乾燥してしまったなどの失敗があります。

自動散水設備があっても、週に1回または、芝生の一部に乾燥が早いなどの異常に気が付いたら、手動でスプリンクラーを動かし、ポップアップは正常にしているか、回転はしているかなどの確認をしてください。

また、夏季の高温期には散水量が少ない場合があります。芝生の状態を見て散水時間の設定変更、日中や夕方にもう一度散水を行うなどしてください。

その他の失敗事例は【表1】を参照ください。

表1　その他の失敗事例

失敗例	影響	回復方法	失敗しない方法
草取りをしたら大きな穴(裸地)になった	生育期であれば回復する。凸凹が生じることがある	穴(裸地)部分に目土(砂)を行う。カップ補修など	草の大きさに合わせて丁寧に除草する
芝生の上で給油して、油をこぼしてしまった	回復方法を行っても変色や枯れが生じることがある	吸着マットなどで吸い取りよく水洗いする	給油は芝生の外で行う。作業前に満タンにする
芝刈り機のガソリンとオイルの入れる場所を間違えた	そのまま使用するとエンジンが壊れるので専門業者に整備依頼を	オイル、ガソリン(軽油)をすべて抜いて入れ替える	よく確認してから給油を行う
芝刈り機のエンジンオイルを多く入れすぎて、回転が上がらない	無理に使用するとシール関係が損傷し、オイル交換しても直らない	エンジンオイルを一度抜き取り、規定量にする	オイルは規定量(オイルゲージで確認)の範囲内にする

Q.70 もっと校庭芝生について知りたい。

A. 芝生に関する勉強会や講演会などがある。
関連書籍も出版されている。

　芝生に関する知識を勉強するには、各自治体が行っている指導や講座を利用する方法があります。また、日本芝草学会校庭芝生部会などが行っている普及活動や講座を通じて知識を拡充することもできます。さらには、造成した企業などを通じて芝生化校庭の設計や施工、維持管理技術を学ぶとよいでしょう。

芝生専門家の所在
　学術団体としては、日本芝草学会に芝生に関する知見が集まります。こうした学会に参加している大学や研究機関の研究者、自治体の公園緑地課、芝生や芝生管理資材を扱う専門企業、種苗会社などに、芝生の研究者や校庭の芝生化に詳しい知識を持った方がいます。
　NPO21世紀校庭芝生研究会、財団法人都市緑化機構グランドカバー・ガーデニング共同研究会、NPOグリーンキーパーズ、NPO芝生スピリット、NPOグリーンスポーツ鳥取など校庭芝生化の活動を行っている団体もあります。各地域の活動状況は、本書の編者である都市緑化機構などに相談してください。また、必ずしも校庭の実情に合った話が聞けるとは限りませんが、芝生に関する高度な専門知識を備えている人たちとして、ゴルフ場や競技場のグリーンキーパー、大規模公園の管理者などが挙げられます。

講演会・勉強会など
　これまで定期的に行われている勉強会として、日本芝草学会研究大会（日本芝草学会）、東京芝生リーダー養成講座（東京都）、アマチュア芝生管理教室（神奈川県公園協会・日本芝草学会校庭芝生部会）、にっぽん芝生化大作戦（鳥取県など）、芝生コンベンション磐田（磐田市教育委員会）などがあります。ただし、これらの講演会や勉強会は参加資格を必要とする場合がありますので、事前に問い合わせてください。

芝生に関する書籍

芝生に関する専門書籍を扱う書店はあまり多くありませんが、現在ではウェブサイトを利用して比較的容易に入手することができます。主な書籍を【表1】に示します。

ウェブサイトで読める芝生関連資料

ウェブサイト上には多数の情報が存在します。芝生関連企業、海外の大学の芝生研究サイトにも多数の情報が掲載されていますので、「校庭　芝生」「芝生化」などで検索してみるとよいでしょう。

表1　校庭芝生化に関する主な書籍

校庭芝生化に関する書籍
和泉グリーンプロジェクト編『芝生でいこう』(金融ブックス、2010年)
芝生スクール京都編『緑あふれる校庭づくり芝生への挑戦——日本のグラウンドはまるで沙漠だ!』(ナカニシヤ出版、2009年)
ゴルファーの緑化促進協会編『校庭芝生化のすすめ——子供たちの笑顔や元気な声が絶えない緑のグラウンドづくり』(日本地域社会研究所、2006年)
近藤三雄『芝生の校庭——21世紀はスクールターフの時代』(ソフトサイエンス社、2003年)
芝生一般に関する書籍
浅野義人、加藤正広『芝生(NHK趣味の園芸よくわかる栽培12か月)』(NHK出版、2005年)
萩原信弘『日本芝庭の手入れと育てかた——やさしくわかる』(永岡書店、2000年)
北村文雄『芝生のすすめ—みんなの芝生読本——10〜100歳に贈る感動と発見の『えっ!本』シリーズ』(ネット武蔵野、1996年)
北村文雄『芝草物語』(ソフトサイエンス社、2001年)
眞木芳助『芝生管理用語辞典』(一季出版、1997年)
専門家向けの書籍
日本芝草学会編『最新 芝生・芝草調査法』(ソフトサイエンス社、2001年)
細辻豊二『芝生の病虫害と雑草(原色図鑑)』(全国農村教育協会、1999年)
浅野義人、青木孝一『芝草と品種—育種と利用のための選択』(ソフトサイエンス社、1998年)
稲森誠、牛木雄一郎、大和田勝弘、今和泉久夫、外木秀明、木村正一、林重人『芝生の更新作業と管理機械——最新技術・手法とその効果』(ソフトサイエンス社、2007年)
学術雑誌
『芝草研究』(日本芝草学会)(年2回発刊+年2回の大会誌)

Q.71 維持管理計画はどのようにつくるのか。

A. 生育・利用・人員・予算を勘案してつくる。

　芝生の管理計画は、芝生の生育・利用頻度や利用の強度・参加する人員・使える予算を勘案してつくります。

作業の時間
　管理作業を、保護者の参加しやすい土日の午前1時間程度に設定するやり方がよく見られます。また、放課後を利用して生徒たちと維持管理作業を行っている学校もあります。このように、維持管理の主体となる人のスケジュールが無理なく取れるような時間帯を考慮する必要があります。芝生の維持管理は、長く続けていくものなので、一度にあまり長い時間を拘束することはできません。

管理の目標
　維持管理作業に目標を設定しましょう。その際、「いつも美しく競技ができるレベル」の芝生を目指すより、「ある程度傷んでも、芝生がなくならなければよい」程度がよいでしょう。あまりに高い目標を立ててしまうと、挫折しやすくなります。逆に、あまりにも作業が少ないと物足りなく感じる場合もあります。
　基本的な管理目標としては、「月1回刈り込み、年2回施肥」や「芝生の育つ期間中は週1回刈り込み、月1回施肥」という程度になります。前者の場合、草種はコウライシバやノシバで、利用頻度が低く、1人当り面積30㎡以上を想定しています。後者の場合、草種はバミューダグラス、利用頻度があまり多くない条件で自動散水装置がついている場合です。この場合、関東地方では3月終わり頃から11月いっぱいくらいまでが管理の期間になります。まずは、これをクリアできることを目標にしましょう。

管理計画の実例
　174～179ページの[**資料2**]に3通りの管理計画の例を示しています。日本伝統のシバを使ったやや粗放的な管理は、生徒数が少なく管理手間がかけられない場合に向いています。改良型の夏シバ(暖地型芝草)を前提とした標準的な管理は、生徒数が平均的で、あまり厳しくない条件に向いています。ウィンターオーバーシーディン

グ(WOS)を行う管理はやや厳しい生育条件で芝生を残すことを目標にしています。
　利用に応じて芝生を選定し、作業を増やし、管理頻度を上げることで、ある程度までは芝生のダメージを緩和できます。

各月に主な管理作業を配置する

　主な管理作業は**Q.39、41～44**にあるように、刈り込み、散水、施肥、目土(目砂)、日常の補修作業、更新作業、播種などで雑草取りや害虫退治が必要な場合もあります。管理計画を立てるときには、それぞれの項目を管理計画表に配置していきます。一度に、たくさんの作業を入れ過ぎないこと、降雨などで作業ができないこともあるので代替日を設定すること、多くの人が集まった際にやる作業(更新作業や雑草取り)、人数が少なくても必ずやる作業(刈り込み、日常の補修)を配置します。

作業の配置

　季節別に見ると、春は新学期が始まるとともに芝生も生育を始めます。利用頻度も多いので、芝生が傷む場合もあります。週1回の刈り込み、月1回程度の施肥を目安にするとよいでしょう。
　夏は長期休暇がありますから利用頻度は高くないことが多く、芝生を回復させる大チャンスです。夏休み前に大きな補修を行っておくと、かなり芝生が傷んでいだとしても夏休み明けにはかなり状態の良い芝生になります。芝生がよく伸びる季節ですので刈り込みの回数は多くなります。
　秋から冬にかけては芝生を守る時期です。肥料をやや多めに散布するとよいでしょう。秋季に運動会などのイベントがあり傷む場合には、その直後に播種(WOS)を行うとよいでしょう。
　冬の間はあまり管理作業がありませんが、この時期に記録を整理し、春に新しく参加する方のための準備などを行うとよいでしょう。

管理作業から外れる場合

　芝生は生き物なので、ある程度作業が遅れても大丈夫という場合もあります。逆に、ここはきちんとしなくてはいけないこともあります。更新作業や目土などはすぐには大きな影響を及ぼしませんが、播種した後の散水などはすぐにも芝生の状態に影響を及ぼします。
　雨天の場合など作業は休んでも結構です。しかし、2回以上続けて休む場合は、芝が伸びすぎたり、肥料不足になることもあるので注意が必要です。逆にせっかく集まったのにすることがないということも考えられます。雨天ならこれをやろうというものをつくっておくとよいでしょう。

【維持管理計画の立て方】

資料

[資料1]
管理作業記録表例

年　　月　　日（　　曜日）	整理番号
維持管理作業概要	
記録者名　　　　　　　　安全管理者名	
天候　　　　　　体感（暑い・快適・寒いなど）	
参加者名　　　　　　　　　　　　　　　　　　　　（計　　名）	
本日の作業内容	
記録写真は撮影したか（右欄に☑）	
安全チェック（右欄に☑）	
【現場の安全】	
芝生に小石や枝などごみ・異物が落ちていないか	
芝生で遊んでいる人が作業の邪魔にならないか	
【スタッフの安全】	
見知らぬ人、新しく作業に参加された人はいないか	
顔色の悪い人、気分の優れない人はいないか	
作業開始前に安全についての意識付けを行ったか	
服装・靴・手袋は大丈夫か	
児童・新人に目を配っている人がいるか	
新しい作業をする前に十分説明したか	
適当な休憩・給水時間を設けたか	
ケガをしたり、気分の悪くなった人はいないか	
【用具類の安全】	
芝刈り機は十分手入れされているか	
用具類はそろっているか	
芝刈り機にガソリン・オイルは入っているか	
芝刈り機に注油はされているか	
機械の手入れ時に安全が意識されているか	
機械類は十分に手入れしたか	
用具を保管庫に全てしまったか	
ガソリン缶は蓋をして所定の位置にあるか	
保管庫の施錠は行ったか	
その他・気づいた点など	

芝生の診断（右欄に◎○△×を記入）	
【芝草の状態】	
見た目での印象は良いか	
芝生の調子の悪い場所は	
芝生の葉先にしおれはないか	
芝生の葉の色は緑色か	
被覆率・裸地率（芝生があるところ・ないところ）	
芝生の密度	
乾燥（乾燥で枯れたようになる）	
病害（円形の模様や色の違うところ、キノコ、など）	
害虫（虫を発見した、芝の色が場所により違う、など）	
【土壌の状態】	
クッション性（歩いてフカフカかどうか）	
土壌固結	
水はけ（水たまりの有無）	
【掘取り確認調査（可能であれば実施）】	
根の長さ	
根の状態	
表面有機物	
土壌pH	

その他・気づいた点など

芝生のレイアウト図（場所を説明する場合に記入）

資料

[資料2]
維持管理年間計画例 A
ティフトンにライグラスのウィンターオーバーシードを行う芝生化を行った場合

項目／月	詳細	4月	5月	6月	7月	8月
刈込工	手押し式モア					
	乗用式モア	6	6	6	8	8
肥料散布工	粒肥*	1〜2	1〜2	1〜2	1〜2	1〜2
	液肥				1	1
エアレーション	スパイキング					
	バーチカット			1		
	コアリング			1		
目砂散布工	2mm程度			1		
ウィンターオーバーシード	ペレニアルライグラス					
転圧工	軽量ローラー			1		
散水工	設備・水支給	8	8	6	8	10
シート養生						
除草工	人力	適宜実施（ほとんど不要）				
芝生補修工	補植	適宜実施（必要に応じて実施）				
項目／月	詳細	4月	5月	6月	7月	8月
夏シバの生育状況	バミューダグラス	生育開始期	生育上昇期	生育期	生育最盛期	
冬シバの生育状況	ペレニアルライグラス	生育最盛期		生育期	←夏シバ単独利用期→	
芝生の状態		良好		普通	良好	
利用ダメージ		小		中	小	

*施肥は生育期における施用量を窒素成分換算で1ヵ月当り4g（複合化成肥料10-10-10で40g）を標準とし、緩効性肥料ならば1回、即効性のものならば2回に分けて散布する
（その他特記）病虫害の発生が見られる場合には、薬剤散布を検討

9月	10月	11月	12月	1月	2月	3月	合計／回	
	2						2	回
6	4	4	必要に応じて実施			6	54	回
1〜2	1〜2	1〜2	0	0	1	1〜2	10〜19	回
						1	3	回
						1	1	回
							1	回
1							2	回
1							2	回
1							1	回
1							2	回
10	12	8	必要に応じて実施			4	74	回
			必要に応じて実施				1	式
		適宜実施(ほとんど不要)					1	式
		適宜実施(必要に応じて実施)					1	式

9月	10月	11月	12月	1月	2月	3月	
生育期	徐々に生育鈍化	生育停滞期	生育停止期				
→	生育最盛期	生育期	生育停滞期		生育上昇期	生育最盛期	
良好	普通		やや不良			普通	
小	中		やや大			中	

[資料2]

維持管理年間計画例 B
ノシバまたはコウライシバのみの芝生化を行った場合

項目／月	詳細	4月	5月	6月	7月	8月
刈込工	手押し式モア					
	乗用式モア	1	1	2	3	3
肥料散布工	粒肥*	1	1	1～2	1～2	1～2
	液肥				1	1
エアレーション	スパイキング					
	バーチカット			1		
	コアリング			1		
目砂散布工	2mm程度			1		
ウィンターオーバーシード	なし					
転圧工	軽量ローラー			1		
散水工	設備・水支給	2	4	6	8	10
シート養生						
除草工	人力	適宜実施（必要に応じて実施）				
芝生補修工	補植	適宜実施（必要に応じて実施）				
項目／月	詳細	4月	5月	6月	7月	8月
夏シバの生育状況	日本シバ	生育開始期	生育上昇期	生育最盛期		
芝生の状態		やや不良	普通	良好		
利用ダメージ		やや大	中	小		

*施肥は生育期における施用量を窒素成分換算で1ヵ月当り4g（複合化成肥料10-10-10で40g）を標準とし、緩効性肥料ならば1回、即効性のものならば2回に分けて散布する
（その他特記）病虫害の発生が見られる場合には、薬剤散布を検討

9月	10月	11月	12月	1月	2月	3月	合計／回	
							0	回
3	1	0	0	0	0	0	14	回
1〜2	1〜2	0	0	0	0	0	7〜12	回
							2	回
1							1	回
							1	回
							1	回
1							2	回
							0	回
1							2	回
8	6			必要に応じて実施			44	回
				必要に応じて実施			1	式
		適宜実施(必要に応じて実施)					1	式
		適宜実施(必要に応じて実施)					1	式
9月	10月	11月	12月	1月	2月	3月		
生育期	生育鈍化	生育停滞期	生育停止期					
良好	普通	やや不良	不良					
小	中	やや大	大					

[資料2]
維持管理年間計画例 C
改良ノシバのみの芝生化を行った場合

項目／月	詳細	4月	5月	6月	7月	8月
刈込工	手押し式モア					
	乗用式モア	1	2	3	4	4
肥料散布工	粒肥*	1	1～2	1～2	1～2	1～2
	液肥				1	1
エアレーション	スパイキング					
	バーチカット			1		
	コアリング			1		
目砂散布工	2mm程度			1		
ウィンターオーバーシード	なし					
転圧工	軽量ローラー			1		
散水工	設備・水支給	2	4	6	8	10
シート養生						
除草工	人力		適宜実施（必要に応じて実施）			
芝生補修工	補植		適宜実施（必要に応じて実施）			
項目／月	詳細	4月	5月	6月	7月	8月
夏シバの生育状況	日本シバ	生育開始期	生育上昇期	生育最盛期		
芝生の状態		やや不良	普通	良好		
利用ダメージ		やや大	中	小		

*施肥は生育期における施用量を窒素成分換算で1ヵ月当り4g（複合化成肥料10-10-10で40g）を標準とし、緩効性肥料ならば1回、即効性のものならば2回に分けて散布する
（その他特記）病虫害の発生が見られる場合には、薬剤散布を検討

9月	10月	11月	12月	1月	2月	3月	合計／回	
							0	回
4	2	0	0	0	0	0	20	回
1〜2	1〜2	0	0	0	0	0	7〜13	回
							2	回
1							1	回
							1	回
							1	回
1							2	回
							0	回
1							2	回
8	6			必要に応じて実施			44	回
					必要に応じて実施		1	式
		適宜実施(必要に応じて実施)					1	式
		適宜実施(必要に応じて実施)					1	式
9月	10月	11月	12月	1月	2月	3月		
生育期	生育鈍化	生育停滞期		生育停止期				
良好	普通	やや不良		不良				
小	中	やや大		大				

[資料3]
芝生維持管理組織規約例（小学校における一例）

（目的）
第1条　この規約は、○○○小学校（以下「学校」という）の校庭芝生地等の維持管理に関して、委員会の設定等必要な事項を定めることを目的とする。

（名称）
第2条　委員会の名称は、「○○○小学校芝生地等維持管理委員会」とし、一般呼称として「○○○会」の名称を用いるものとする。

（事務局）
第3条　「○○○会」の事務局は学校に置くものとする。

（所掌事務）
第4条　「○○○会」は、学校において次の各項に掲げる業務の処理をする。
　　（1）芝生地等の維持管理に付帯する業務
　　（2）芝生地の維持管理に関する情報収集等
　　（3）その他の事業の円滑な実施のために必要なこと

（組織）
第5条　1.「○○○会」は、○○○・○○○・○○○・○○○により構成する。
　　2.「○○○会」は、運営委員会と管理運営グループをもって構成する。
　　3.運営委員会は、学校の芝生に関わる様々な維持管理の活動計画を立て、実践活動を推進する。
　　4.管理運営グループは、日常の芝生維持管理作業を行う。
　　5.芝生管理に関わる専門的な助言を得るために、特別顧問を置くものとする。

（運営委員会）
第6条　1.運営委員会は、委員長・校長・PTA・地域関係者（○○○・○○○）・校庭使用団体（○○○・○○○）・教職員・事務局で構成する。
　　2.委員長は、委員の中から互選するものとする。
　　3.副委員長は、運営委員会の委員長以外の○名が当たるものとする。
　　4.副委員長は、委員長を補佐し、委員長に事故があるとき、その職務を代行する。
　　5.事務局長は、○○○小学校副校長とする。
　　6.委員長、副委員長の任期は1年とし、再任を妨げない。ただし、補欠の任期は前任者の残任期間とする。
　　7.委員長は、委員会を代表し、会務を統括する。

（召集及び議事）
第7条　1.「○○○会」の会議は、委員長が必要に応じて召集する。
　　2.委員長は、会議の議長となる。
　　3.会議の議事は、出席した委員の過半数で決し、可否同数のときは、議長の決するところによる。

(連携)
第8条　「○○○会」は、芝生の管理業務を推進するにあたり、校長の意見を聞き、学校教育に支障をきたさないように留意する。

(経費)
第9条　「○○○会」の運営に必要な経費は、その都度運営委員会の協議によって決定する。

(その他)
第10条　1.活動中に万一事故等が発生した場合には、保険等これに充当し処置する。
　　　　2.その他、上記に定めない事項は、運営委員会で定めるものとする。

付則　　この規約は、平成○○年○○月○○日からをもって施行する。
　　　　なお、この規約は、施行から1年をもって見直すものとする。

(組織図)

○○○会（○○○小学校芝生地等維持管理委員会）

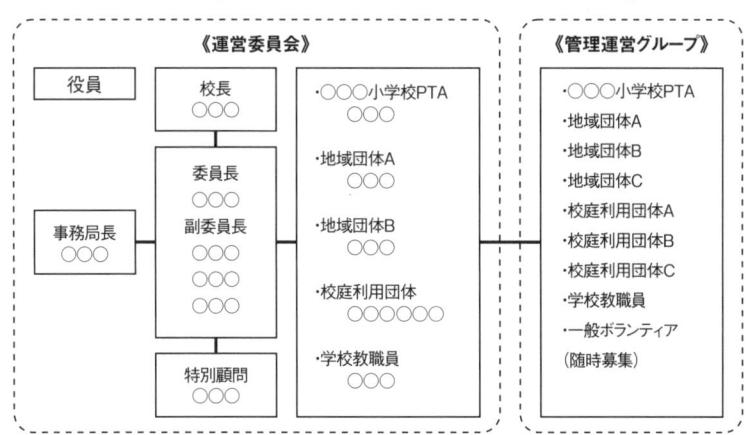

《運営委員会》
- 役員
  - 校長　○○○
  - 委員長　○○○
  - 副委員長　○○○
  - 特別顧問　○○○
- 事務局長　○○○
- ○○○小学校PTA　○○○
- 地域団体A　○○○
- 地域団体B　○○○
- 校庭利用団体　○○○○○○
- 学校教職員　○○○

《管理運営グループ》
- ○○○小学校PTA
- 地域団体A
- 地域団体B
- 地域団体C
- 校庭利用団体A
- 校庭利用団体B
- 校庭利用団体C
- 学校教職員
- 一般ボランティア（随時募集）

(運営委員名簿)

役職	氏名	所属
委員長		
副委員長		
事務局長		
運営委員		
特別顧問		

おわりに

　私たち財団法人 都市緑化機構 グランドカバー・ガーデニング共同研究会はグランドカバー緑化やガーデニング技術により身近な緑を守り育て、魅力的な都市環境を創造していくことを目標に活動している共同研究会です。

　共同研究会のメンバーは、2003年より校庭芝生化に関する調査研究をすすめ、財団法人都市緑化機構が校庭芝生化を推進する自治体から受託した業務においては「芝生専門家」として校庭芝生の現場を支えてきました。また、共同研究会活動を通して得られた知見や情報を整理し、現場からの生の声に対応するため会員企業が協同して、調査研究と技術開発を独自に行ってきました。

　本書は、それらの最新の研究成果を基に、校庭の芝生化に取り組んでいる方、これから取り組もうとしている方からいただいた質問に答える形でできあがったものです。

　本書が校庭芝生化に携わる皆さんの悩みを解決し、良好な校庭芝生の計画・設計・施工、楽しい管理運営のお役に立つことを願っております。

　また、末筆ながら、本書の出版にあたり編集全般から校正に至るまでお世話になった鹿島出版会の皆様を始めご支援をいただきました皆様に厚く御礼申し上げます。

財団法人 都市緑化機構
グランドカバー・ガーデニング共同研究会

財団法人 都市緑化機構・事務局

輿水 肇
小池友里子（前任）
鈴木広子（前任）
上野芳裕
小松尚美

財団法人都市緑化機構 グランドカバー・ガーデニング共同研究会・名簿

(2013.1現在。社名五十音順)

正会員

会社名称	氏名	ウェブサイト
鹿島建設(株)	柳 雅之	http://www.kajima.co.jp/
かたばみ興業(株)	大木真二	http://www.katabami.co.jp/
関東イリゲーション(株)	深澤威裕	http://www.kantoirrigation.co.jp/
(株)熊谷組	横塚 享	http://www.kumagaigumi.co.jp/
京成バラ園芸(株)	豊田祐二	http://www.keiseirose.co.jp/
(株)KRC	小山 明	http://www.krc-net.com/
(有)さいたま造園	小沢 孝	—
(株)サカタのタネ	大川幹夫、石川智大	http://www.sakataseed.co.jp/
佐藤工業(株)	石橋 稔、織茂俊泰	http://www.satokogyo.co.jp/
住友林業緑化(株)	石垣裕志、門松 慎、日下部友昭、藤村 陽	http://www.sumirin-sfl.co.jp/
瀬戸内金網商工(株)	黒田 潔、白井常彦	http://setolon.jp/
第一園芸(株)	岩田 均	http://www.daiichi-engei.jp/
東洋グリーン(株)	木村正一、秋篠周太郎	http://www.toyo-green.com/
東洋メンテナンス(株)	竹間 肇、池田弘彦、髙木幸治	http://www.toyo-green.com/TM/index.html
(株)都市計画研究所	佐藤憲璋、小東理人、篠澤 勝	http://www.tcpi.jp/
(株)ニチノー緑化	西嶋敬典	http://www.nichino-ryokka.co.jp/
日産緑化(株)	堀口悦代	http://www.nissanryokka.co.jp/
日本体育施設(株)	奥 裕之、太田隆之、楡井 徹、石井幹生	http://www.ntssports.co.jp/
公益財団法人練馬区環境まちづくり公社	猪俣美姫、服部睦仁	http://www.nerimachi.jp/
(株)ハイポネックスジャパン	高谷憲之	http://www.hyponex.co.jp/
長谷川体育施設(株)	斎藤 明、大脇 寛	http://www.hasetai.com/
兵庫県立淡路景観園芸学校	岩崎哲也	http://www.awaji.ac.jp/
(株)風土デザイン	上野博昭	http://www1.odn.ne.jp/huhdodesign/
(株)緑の風景計画	吉岡俊哉、伏島香里	http://www.m-fuukei.jp/
(株)緑景	木原正行、太田大介	http://www.ryokukei.jp/indexstop.html
レイ・ソーラデザイン(株)	大森僚次、倉田広昭	—

個人会員

大平政喜

黒石 巌

田中聖美

資料

本書執筆者一覧　　　　　　　　　　　　　　　　　　　　　　　　（五十音順）

秋篠周太郎［東洋グリーン(株)］……**Q.01、Q.02、Q.03、Q.10、Q.13、Q.32、Q.44、Q.51、Q.52、Q.53、Q.54、Q.62、Q.63、Q.64、Q.66、Q.70、Q.71**

山田茂秋［(株)チュウブ］……**Q.04、Q.05、Q.09、Q.12、Q.14、Q.15、Q.16、Q.25、Q.26、Q.29、Q.31、Q.38、Q.40、Q.42、Q.59**

今井一隆［(財)都市緑化機構］……**Q.06**

鈴木広子……**Q.07**

大平政喜［(社)日本植木協会］……**Q.08**

一條良賢［(財)都市緑化機構］……**Q.67、Q.68**

石川智大［(株)サカタのタネ］……**Q.17、Q.27**

池田弘彦［東洋メンテナンス(株)］……**Q.18、Q.19、Q.21、Q.22、Q.61**

髙木幸治［東洋メンテナンス(株)］……**Q.20、Q.28、Q.39、Q.45、Q.46、Q.47、Q.49、Q.50、Q.60、Q.65、Q.69**

小東理人［(株)都市計画研究所］……**Q.11、Q.23、Q.24、Q.30、Q.33、Q.34、Q.35、Q.36**

柳 雅之［鹿島建設(株)］……**Q.37、Q.58**

石井幹生［日本体育施設(株)］……**Q.41、Q.43**

木村正一［東洋グリーン(株)］……**Q.48**

竹間 肇［東洋メンテナンス(株)］……**Q.55、Q.56、Q.57**

知っておきたい 校庭芝生化のQ&A

2013年2月25日　第1刷発行

編著者	財団法人 都市緑化機構　グランドカバー・ガーデニング共同研究会
発行者	鹿島光一
発行所	鹿島出版会
	104-0028 東京都中央区八重洲2-5-14
	電話 03-6202-5200
	振替 00160-2-180883
デザイン	高木達樹(しまうまデザイン)
印刷製本	三美印刷

©Organization for Landscape and Urban Green Infrastructure
2013, Printed in Japan
ISBN 978-4-306-03367-2 C3052
落丁・乱丁本はお取り替えいたします。
本書の無断複製(コピー)は著作権法上での例外を除き禁じられています。
また、代行業者等に依頼してスキャンやデジタル化することは、
たとえ個人や家庭内の利用を目的とする場合でも著作権法違反です。

本書の内容に関するご意見・ご感想は下記までお寄せ下さい。
http://www.kajima-publishing.co.jp/
info@kajima-publishing.co.jp